AF145267

Hermann Johann Schulze

Robert von Mohl - ein Erinnerungsblatt,

dargebracht zur füfhundertiährigen Jubelfeier der Ruperto-Carola

Hermann Johann Schulze

Robert von Mohl - ein Erinnerungsblatt,
dargebracht zur füfhundertiährigen Jubelfeier der Ruperto-Carola

ISBN/EAN: 9783744604376

Hergestellt in Europa, USA, Kanada, Australien, Japan

Cover: Foto ©ninafisch / pixelio.de

Weitere Bücher finden Sie auf **www.hansebooks.com**

Robert von Mohl.

Ein Erinnerungsblatt,

dargebracht zur

fünfhundertjährigen Jubelfeier der Ruperto-Carola

von

Geheimen Rath Dr. Hermann Schulze,

ord. Professor des Staatsrechts an der Universität Heidelberg.

Mit einem Bildniß R. v. Mohls.

Heidelberg.

Carl Winter's Universitätsbuchhandlung.

1886.

Das Recht der Uebersetzung in fremde Sprachen wird vorbehalten.

Vorwort.

nter den gefeierten Namen, die in unferer künftlerifch neu gefchmückten Aula, als einftige Zierden unferer Hochfchule, auf Ehrentafeln angebracht find, fteht auch der Robert von Mohls, welcher von 1847—1860 unferer Univerfität angehört hat. Es ift mir ftets perfönliches Bedürfniß gewefen, in unferer fo fchnell lebenden und leider oft auch fo fchnell vergeffenden Zeit, das Andenken an hervorragende Sachgenoffen, welche durch ihre wiffenfchaftlichen Leiftungen belehrend, anregend, bahnbrechend gewirkt haben, aufzufrifchen und dadurch den inneren Zufammenhang zwifchen Gegenwart und Vergangenheit auch in der

Wissenschaft aufrecht zu erhalten. Zu diesen Männern
gehört Robert von Mohl in erster Linie. Darum
habe ich gleich nach meinem Eintritt in Heidelberg
einen Vortrag über ihn gehalten und dann eine Lebensbeschreibung desselben in den „Badischen Biographien"
erscheinen lassen. Letztere ist in diesem Sammelwerk
nur wenigen zugänglich und außerhalb des badischen
Landes kaum bekannt geworden. Aus eigenem An-
triebe, wie auf mehrfache Aufforderung, habe ich mich
entschlossen, bei Gelegenheit der fünfhundertjährigen
Jubelfeier unsrer Hochschule, diesen Aufsatz in umgearbeiteter und erweiterter Gestalt mit einigen un-
gedruckten Beilagen als eigene kleine Schrift zu ver-
öffentlichen, wobei mir die Carl Winter'sche Universitätsbuchhandlung in bereitwilligster Weise entgegenge-
kommen ist.

Robert v. Mohls wissenschaftliche Leistungen
sind von zwei angesehenen Sachgenossen in gründ-
licher Weise gewürdigt worden, von Ernst Meier,
„Mohls Stellung in der Wissenschaft" (Zeitschrift für
die gesammte Staatswissenschaft. 1878. S. 431—528),
und von Marquardsen (in der Allgemeinen

Deutschen Biographie B. XXII. S. 745—758). An einer eingehenden Lebensbeschreibung fehlt es bis jetzt. Eine solche kann auch erst geschrieben werden, wenn Mohls umfangreiche, eigene Lebensaufzeichnungen zugänglich gemacht worden sind, deren Veröffentlichung nach seiner eigenen Bestimmung noch für längere Zeit ausgeschlossen ist. Mit Dank erkenne ich es an, daß mir wenigstens ein Einblick in diese merkwürdige, für die Zeitgeschichte höchst bedeutsame Handschrift vergönnt worden ist. Auch bin ich der verehrten Familie von Mohl für manche andere briefliche und mündliche Mittheilungen verbunden. Von besonderem Werth für die Charakteristik Mohls sind die Briefe, welche der Dahingeschiedene an mich gerichtet hat, in denen er sich über alle wichtigen Zeitereignisse, wie über seine eigenen wissenschaftlichen Bestrebungen und Lebensanschauungen in offenster Weise ausgesprochen hat. Ich gebe dieselben ganz oder in einzelnen Stellen wieder, ohne ein Wort daran zu verändern, da gerade in ihnen das treffende Urtheil, der schneidende Witz, aber auch die männlich entschiedene Gesinnung Mohls in originellster Weise zum Ausdruck kommt. Möge diese anspruchslose Lebensskizze, welche die wissenschaftlichen Leistungen des Altmeisters der Staatswissenschaften mit seinem äußeren Lebensgang und seinen inneren Charakterzügen in engsten organischen Zusammenhang zu bringen gesucht hat, wenigstens solange genügen, bis etwas Besseres, Vollständigeres gegeben werden kann.

Heidelberg, im Juli 1886.

Hermann Schulze.

Inhalt.

Anhang:

1.

Heimath und Familie.

Werfen wir einen Blick auf eine Spezialkarte des südwestlichen Deutschlands aus dem vorigen Jahrhundert, so reichen weder der Raum noch die Farben aus, um die Unmasse der Gebiete zu bezeichnen, welche hier chaotisch durcheinander gewürfelt sind. Vor Allem bietet der schwäbische Kreis die bunteste Musterkarte der so verwickelten Geographie des weiland „heiligen römischen Reichs deutscher Nation". Hier lagen die Gebiete von 118 Reichsständen, darunter 33 Reichsstädte, 27 Prälaten und 56 weltliche Reichs- fürsten und Grafen, durcheinander, ohne der zahllosen Besitzungen der reichsunmittelbaren Ritterschaft zu ge- denken, welche mitten in die reichsständischen Gebiete eingesprengt waren. Hier war der klassische Boden jener staatlichen Auflösung, jener «analyse des infini-

Zu diesem damals in Deutschland so seltenen politischen Selbstgefühle kam eine auf den Grundlagen der Reformation ruhende, gediegene Geistesbildung, welche, ähnlich wie in Sachsen, durch die in gelehrte Schulen umgewandelten Klöster besonders gefördert wurde. Auch hier ging das Studium der klassischen Sprachen mit den Ideen der Reformation Hand in Hand; auch hier wurde das evangelische Pfarrhaus die Pflanzstätte geistiger Bildung und ernster Charakter-festigkeit. Manche württembergische Pfarrfamilie konnte ihren Stammbaum bis zur Zeit der Reformation auf lauter geistliche Ahnherren zurückführen. Aus diesem Familienkreise rekrutirte sich auch der weltliche Ge-lehrten- und Beamtenstand, in welchen nur selten ein Unbefugter, am wenigsten ein „Ausländer" eindrang.

Zu diesen altwürttembergischen Familien gehörte auch die Familie Mohl. Aus derselben war eine lange Reihe von ehrsamen Pastoren, Bürgermeistern und kleineren Beamten hervorgegangen, ohne daß auch nur einer unter ihnen sich in der Wissenschaft oder im Staatsleben einen hervorragenden Namen gemacht hätte. Der erste Vorfahr, welcher durch seine Verhei-rathung mit der „Moserin", der Tochter Johann Jacob Moser's, des größten Kenners des deutschen Staatsrechts, des gefeierten Vorkämpfers und Mär-tyrers der württembergischen Verfassung, seiner Familie

1*

ein gewiffes Lüftre gab, war der Großvater unferes
Mohl, ein württembergifcher Beamter in fehr befchei-
dener Stellung. Aus diefer Ehe entfprang Benjamin
Serdinand Mohl, der erfte aus der Mohl'fchen
Familie, welcher zu einer höheren Lebensftellung em-
porftieg. Er war ein Schüler der Karlsakademie,
welche auch eine juriftifch-ftaatswiffenfchaftliche Sakul-
tät befaß, war dann felbft einige Jahre Profeffor des
Staatsrechts an diefer Anftalt gewefen und hatte fich
durch mehrere Schriften über Reichsftaatsrecht vor-
theilhaft bekannt gemacht. (Befonders: Hiftorifch-
politifche Vergleichung der beiden oberften Reichsgerichte
in ihren wichtigften Verhältniffen. Ulm 1789.)[1] Er
ftarb 1845 zu Stuttgart als Präfident des Confifto-
riums, Staatsrath und lebenslängliches Mitglied der
Kammer der Standesherren. Er befaß jene den
Schülern der Karlsakademie eingeimpfte peinliche
Ordnungsliebe, eine vornehme, faft militärifche Haltung, Ausdauer in der Arbeit und war allen Extremen
abgeneigt. Während die publiciftifchen Studien des
Vaters nicht ohne Einfluß auf den Sohn blieben, ging
doch, nach deffen eignem Geftändniffe, die tieffte An-
regung von der hochbegabten Mutter aus. Sie war
eine Tochter des württembergifchen Geheimen Raths

---

[1] Ueber ihn vergleiche den Auffatz R. v. Mohl in der
Allgemeinen deutfchen Biographie. Bd. XXII. S. 64.

und Kammerdirectors Autenrieth, welcher auch auf dem staats- und volkswirthschaftlichen Gebiete sich schriftstellerische Verdienste erworben hatte, die Schwester des Kanzlers und Klinikers Autenrieth in Tübingen. Gleich thätig in ihrem großen Haushalte, wie ernsten wissenschaftlichen Interessen zugewendet, betrachtete sie als ihre erste und wichtigste Lebensaufgabe die Erziehung ihrer fünf Söhne, welche sie planmäßig und methodisch betrieb. Während der Vater seinen Söhnen persönlichen Unterricht ertheilte und sie bei ihren Studien auf dem Gymnasium kontrolirte und berieth, wirkte die Mutter auf dieselben besonders durch ihre geistvolle, anregende Unterhaltung, wodurch sie ihre Söhne früh auf alle höheren Lebensziele, besonders aber auf Selbstdenken hinwies. Auf jede kindisch unüberlegte Frage derselben pflegte sie zu antworten: „Denken, nur denken, besinne dich, kann das so sein?" Der philosophische Satz vom „zureichenden Grunde" wurde von ihr praktisch ins Leben übersetzt. Diesem Erziehungssystem ist das merkwürdige Resultat zuzuschreiben, daß vier Söhne derselben Familie sich angesehene Namen im Leben wie in der Wissenschaft machten. Auf Robert folgte Julius, einer der ersten Vertreter deutscher Wissenschaft auf dem Gebiete der orientalischen Sprachkunde, auf ihn Moritz, bekannt durch seine umfassenden Arbeiten auf dem Gebiete der

Nationalökonomie, Finanz- und Gewerbswissenschaft, auf diesen Hugo, der berühmte Tübinger Botaniker und Pflanzenphysiologe. Der fünfte, ebenfalls begabte Sohn Eduard, der sich der Philosophie gewidmet hatte, nahm sich leider in einem Anfalle von krank- hafter Schwermuth selbst das Leben.

Uns interessirt hier nur Robert, geboren am 17. August 1799 zu Stuttgart. Sein Gedächtniß reichte weit in die früheste Kindheit zurück und er theilte gern der jüngeren Generation aus dem Schatze seiner Erinnerungen mit. Früh hatte der Vater den Erst- geborenen auf seine Amtsreisen mitgenommen. Dieser erinnerte sich, wie er auf einer solchen die letzten Spuren reichsprälatischer Herrlichkeit beim Abte von Weingarten noch mit angesehen, wie er seinen Vater zum letzten schwäbischen Kreistage nach der Reichs- stadt Ulm begleitet und wie sehr es dem Knaben imponirt hatte, mit dem Vater in sechsspänniger Gala- equipage in das festlich erleuchtete Theater zu fahren, wo dieser als Direktorialgesandter mit Pauken und Trompeten empfangen wurde. Bald darauf brach das Deutsche Reich zusammen; die gewaltsamen Zeiten des Rheinbundes brachten dem Vater neue Aufgaben.

Die Rheinbundsakte hatte den neuen Rhein- bundsfürsten die Länder ihrer früheren Nachbarn und Standesgenossen als willkommene Beute überwiesen,

und es lag jedem der Fürsten am Herzen, möglichst
viel zu annektiren. Mohl's Vater war einer der
Occupationskommissare des neucreirten Königs von
Württemberg, und der Sohn erinnerte sich aus den
Erzählungen des Vaters wie aus eigener Anschauung
ganz deutlich, wie es bei dem Occupationsgeschäfte
tumultuarisch genug herging. Er sah den Vater in
Begleitung von Chevaurlegers und schwarzen Jägern,
den damaligen württembergischen Kerntruppen, aus-
rücken. Da die Grenzen der neu zu erwerbenden
Gebiete, den Nachbarn gegenüber, nicht immer genau
abgesteckt waren, so suchte jeder Theil an sich zu
reißen, was er konnte. In welchem Geiste dies besonders württembergischerseits damals geschah, be-
weist die Thatsache, daß König Friedrich I. seine Occu-
pationskommissarien mit den Worten entließ: „Der-
jenige von Ihnen, welcher von fremden Regierungen
wegen Gewaltthätigkeiten am häufigsten bei mir ver-
klagt werden wird, wird mir der Angenehmste sein."
Vater Mohl ließ sich dies nicht zweimal gesagt sein
und rückte mit seinen Truppen einmal bis vor die
Thore von Freiburg im Br., von wo er aber von
einem dort kommandirenden französischen General,
auf Anrufen Badens, über den Schwarzwald zurück-
geworfen wurde. Oft war man mit der Geographie
der zugewiesenen Gebietstheile so wenig bekannt, daß

die Occupationskommiſſarien den Auftrag erhielten, die „Inſel" Hofen im Bodenſee in Beſitz zu nehmen, und daß es vom König ſehr ungnädig aufgenommen wurde, als ſie, jeder von ſeiner Seite, berichteten, es finde ſich in ihrem Bezirke eine ſolche Inſel nicht vor. Nur ungern ſtellte ſich König Friedrich endlich mit dem Beſitze des Kloſters Hofen am Bodenſee, dem jetzigen Schloß von Friedrichshafen, zufrieden.

Während man in andern deutſchen Ländern, be· ſonders in dem zertretenen und verſtümmelten Preußen den unerträglichen Druck und die brennende Schmach der Fremdherrſchaft in allen Volkskreiſen ſchmerzlich empfand, freute ſich der loyale Württemberger jener Tage an dem um das Doppelte erweiterten Staats· gebiete und an der ſchimmernden Königskrone, welche Friedrich I. auf dem Schloſſe zu Stuttgart in rieſen· hafter Größe hatte anbringen laſſen, ohne zu bedenken, daß es eine Krone von Napoleons Gnaden war. Kein Wunder, daß in jenem Lande dann auch in den Jah· ren 1813 und 1814 die Begeiſterung der Freiheitskriege nur einen ſchwachen Nachhall fand. In einer Zeit, wo in ganz Norddeutſchland die glühendſte Vaterlands· liebe mit dem heißen Ingrimm gegen den fremden Unterdrücker ſich verband, wo Familienväter Weib und Kind, Haus und Hof, ſechszehnjährige Knaben die Schulbank verließen, um zu den Waffen zu eilen,

war in diesem hochgebildeten süddeutschen Beamten-
kreise nur eine kühle Theilnahme für jene großen
Ereignisse, deren Tragweite man lediglich vom württembergischen Standpunkte aus maß. In dieser Richtung wuchs auch Mohl auf, dessen Knabenjahre in
die Zeit des Rheinbundes und der Freiheitskriege
fallen.

2.

Lehr = und Wanderjahre.

———•———

n zwölf Jahren legte Mohl auf dem Gymnafium
zu Stuttgart den erften Grund zu feiner wiffen=
fchaftlichen Ausbildung. Der Alles beherr=
fchende Lehrgegenftand war hier das Studium der
lateinifchen Sprache. Ein Auffatz im Latein des Cicero
oder ein mit Hilfe des «Gradus ad Parnassum» gefertigtes
lateinifches Gedicht galt als der Höhepunkt aller Lei=
ftungen. Das Griechifche trat dagegen fo zurück, daß
Mohl, nach feinem eigenen Geftändniß, niemals das Ver=
ftändniß für die vollendete Schönheit der hellenifchen
Kunft und Sprache recht aufgegangen ift. Von den
neueren Sprachen wurde nur das Franzöfifche gelehrt
und emfig gepflegt; Mathematik und deutfche Sprache
vernachläffigt. Mohl's Neigung führte ihn befonders
auf das Studium der neueren Gefchichte, welcher er

sich am liebsten ganz gewidmet hätte. Dabei zeigte
er schon seit früher Kindheit die ihm eigenthümliche
Neigung zum massenweisen Lesen der verschiedenartig-
sten Bücher. Er durchstöberte die große Bibliothek
seines Vaters und erlernte von selbst fast alle neueren
Sprachen so weit, daß er die darin erschienenen Bücher
lesen konnte. Genügten die Mohl'schen Söhne den
Anforderungen, welche die Schule an sie stellte, so
waren sie in der Anwendung ihrer übrigen Zeit frei
und konnten ihren individuellen wissenschaftlichen
Neigungen ungehindert nachhängen. Dagegen wurden
bei ihnen künstlerische Interessen weder gepflegt noch
geduldet. Auch auf dem religiösen Gebiete herrschte
im Mohl'schen Hause, bei streng sittlichen Grundsätzen,
ganz im Sinne der Aufklärungsperiode des XVIII.
Jahrhunderts, ein nüchterner Rationalismus, welcher
sich dem Kirchenthum jeder Art zwar nicht feindlich,
wohl aber völlig fremd gegenüberstellte, ein Grundzug
der Lebensanschauung, welcher sich bei Mohl unver-
ändert behauptete und es ihm auch später unmöglich
machte, die Bedeutung der religiösen Ideen auch für
das Volks- und Staatsleben in ihrer ganzen Tiefe zu
würdigen. Auch am Protestantismus interessirte ihn
nur die Negation des Katholizismus, nie sein positiver
Glaubensgehalt.

Mit einer für sein Alter ungewöhnlichen Welt-

und Menſchenkenntniß, mit einem reichen Schatz von
Wiſſen aller Art und einem noch regeren Wiſſensdurſte
bezog Mohl im Jahr 1817 die Landesuniverſität Tübingen, um ſich daſelbſt der Staats- und Rechtswiſſenſchaft zu widmen. Freilich war die juriſtiſche Fakultät
in Tübingen damals in trauriger Verfaſſung. Die
meiſten Profeſſoren waren ſtumpfe Greiſe, zum Theil
ſchon in den Achtzigen, welche gar keine Vorleſung
oder nur zum Schein eine ſolche hielten. Bei ſeinem
Wiſſensdurſte warf ſich Mohl auf das Selbſtſtudium
der neueren Geſchichte und der Staatswiſſenſchaften,
vergrub ſich in die Univerſitätsbibliothek und betrachtete es als die höchſte Vergünſtigung, daß er ſich halbe
Tage lang in dieſelbe einſchließen durfte. Im Herbſt
1819 ſiedelte Mohl nach Heidelberg über, um ſeine
Studien zu vollenden, in der Rechtswiſſenſchaft aber
eigentlich erſt zu beginnen. So nah ſich Tübingen
und Heidelberg liegen, ſo empfand doch Mohl lebhaft
den Unterſchied zwiſchen beiden Univerſitäten, wie ſie
damals waren. Tübingen war nur von Württem-
bergern beſucht, eine reine Landesuniverſität, während
in Heidelberg ſich die Söhne aller deutſchen Stämme
mit zahlreichen Ausländern miſchten. Gegen die harm-
los naiven Zuſtände der ſchwäbiſchen Muſenſtadt gehalten, imponirte ihm das kosmopolitiſche Heidelberg
wie eine Art von Weltſtadt. Vor Allem empfand er

den Unterschied in den Hörsälen. Während in Tübingen einige altersschwache Greise vor leeren Bänken
docirten, lauschten hier hunderte von Jünglingen mit
unausgesetztem Eifer Thibaut's glänzender Bered-
samkeit. Er war damals noch in der Vollkraft seiner
Jahre, das Ideal eines akademischen Lehrers. Der
stattlich schöne Mann fesselte seine Zuhörer durch die
Würde seiner vornehmen Erscheinung, durch den Wohl-
klang seines vollen, künstlerisch durchgebildeten Organs
und durch den Gedankenreichthum seines philosophisch
durchdachten Vortrages. Was Mohl an Kenntniß des
römischen Rechtes von der Universität mit hinweg-
nahm, verdankt er wesentlich den fleißig besuchten
Pandektenvorlesungen Thibaut's. Neben Thibaut stand,
als eine andere Größe der juristischen Fakultät, Karl
Salomon Zachariä, bei welchem Mohl deutsches
Staatsrecht, Strafrecht und Kirchenrecht hörte. Die
hingeworfenen Aphorismen und Gedankenblitze dieses
geistreichen Sonderlings zogen Mohl ebenso an, wie
der in der äußeren Erscheinung und Gesinnung her-
vortretende Cynismus den feinfühlenden Jüngling
zurückstieß. Systematisch und sachlich hat er bei ihm
wenig gelernt; doch nahm er aus seinen Vorlesungen
manchen lichtvollen Gedanken, manche originelle, von
den betretenen Pfaden weit abliegende Anschauung
mit, welche sich später wissenschaftlich verwerthen ließ.

Perſönliche Beziehungen zu ſeinen Lehrern knüpfte er nicht an, wie dies damals in Heidelberg auch nicht üblich war.

Im Studentenleben ſtanden ſich die Corps und die in hoher Blüte ſtehende Burſchenſchaft gegenüber. Der größere Sleiß und die ſtrengere ſittliche Haltung beſtimmten Mohl in die Burſchenſchaft zu treten, ohne daß er von deren politiſchen Ideen irgendwie tiefer ergriffen worden wäre. Eine angenehme Erinnerung gewährte ihm eine in ſchönſter Jahreszeit mit mehreren Sreunden im offenen Wagen, — er ſelbſt als flotter Kutſcher auf dem Bocke, — unternommene Reiſe nach Würzburg zum Stiftungsfeſte der dortigen Burſchen- ſchaft, wo ſie von den Bundesbrüdern mit der zuvor- kommendſten Gaſtfreundſchaft bewirthet wurden. In einem Eichwalde wurde der Kommers gefeiert und unter der größten Eiche ſtand im altdeutſchen Rocke, den blanken Schläger in der Hand, Julius Stahl, welcher eine glühende Rede über Deutſchlands Einheit und Sreiheit hielt. Mohl war, als Vertreter der Heidelberger Burſchenſchaft, bei ihm einquartiert und ſchlief mit ihm in demſelben großen Himmelbette, woran beide Männer ſich noch öfters erinnerten, nach- dem ihre Richtungen weit auseinander gegangen waren.

Anderthalb Jahre waren ſchnell genug im ſchönen Heidelberg verflogen, und der Vater drängte zum Ab-

schlusse der akademischen Studien und zur Erwerbung
der juristischen Doktorwürde. Schnell wurde eine
lateinische Dissertation über den Unterschied von stän-
discher und repräsentativer Verfassung geschrieben
(«discrimen ordinum provincialium et constitutionis
repraesentativae» Tub. 1821), damit nach Tübingen
gereist und in acht Tagen war Prüfung, Disputation
und Doktorschmaus vorüber. Der junge Doktor sollte
nun die längst vom Vater geplante Reise in die große
Welt antreten, welche von früh an in dessen Erziehungs-
plane gelegen hatte, und damit seine Bildung zum
Abschlusse bringen. Hatten früher junge Männer,
welche sich dem höheren Staatsdienste oder der akademischen Laufbahn als Rechtslehrer widmen wollten,
sich regelmäßig nach Wetzlar zum Reichskammergerichte
und nach Regensburg zum Reichstage zur praktischen
Ausbildung begeben, so sollte jetzt der junge Mohl
sich eine Zeit lang am Sitze des Bundestages auf-
halten, um einen Einblick in dessen Geschäftsgang
zu bekommen. Er war zu diesem Zwecke von
dem württembergischen Ministerium dem Bundestags-
gesandten angelegentlich empfohlen; dies war der be-
kannte Frhr. v. Wangenheim, welcher als württem-
bergischer Minister in der Verfassungsentwicklung dieses
Staates eine hervorragende Rolle gespielt hatte. Bei
ihm fand der junge Gelehrte seine Rechnung in vollem

Maße. Wangenheim ragte durch hohe Begabung,
lebhaften Geist, allseitige wissenschaftliche Bildung und
rücksichtslosen Freimuth um Kopfeslänge aus der
Schaar der gewöhnlichen Diplomaten hervor, die ihn
wegen seiner freisinnigen Grundsätze mit ihrem Haffe
verfolgten und bald zum Sturze brachten. Im Winter
1821 hatte Mohl aber noch das Glück, durch diesen
seltenen Mann in die gedruckten und handschriftlichen
Quellen des Bundesrechts, sowie in den täglichen Geschäftsgang des Bundestages eingeweiht zu werden.
Mohl machte sich systematisch geordnete Auszüge aus
den sonst so geheim gehaltenen Protokollen des Bundestags, der Karlsbader und der Wiener Ministerial-
konferenzen und erwarb sich dadurch, als junger Mann,
eine so tiefe Einsicht in das Wesen, aber auch in das
ganze Elend der deutschen Bundeszustände, wie sie
wohl, außer dem alten Klüber, damals kein Lebender
besaß. Aus dieser eingehenden Beschäftigung mit den
Einrichtungen des Bundestags wuchs seine Schrift
„Die öffentliche Rechtspflege des deutschen Bundes, ein
publicistischer Versuch" (1822) hervor, welche sich mit
dem damals in der Ausarbeitung und Einführung
begriffenen Bundesausträgalverfahren beschäftigte und
sich durch sorgsame Benutzung aller vorhandenen
Quellen auszeichnete, die ihm Wangenheim bereitwilligst
eröffnete. Außer dieser wissenschaftlichen Förderung

verdankte er seinem Gönner die Einführung in die erste
Frankfurter Gesellschaft, in welcher der besternte Glanz
der Diplomatie mit dem Reichtume der heimischen
Patrizierhäuser wetteiferte, und der junge Gelehrte
durchschwärmte die Nächte, als beliebter Tänzer, in
kerzenerhellten Salons, während er sich am Tage in
die Folianten der Bundestags-Protokolle vergrub.

Sehr verschiedenartig, aber in seiner Art ebenso
nützlich, war sein viermonatlicher Aufenthalt in der
alten Gelehrtenstadt Göttingen, wo er, ohne regelmäßig Vorlesungen zu hören, bei hervorragenden Pro-
fessoren, besonders Karl Friedrich Eichhorn, hospi-
tirte und sich mit der Universitätsbibliothek vertraut
machte, welche damals als die erste in Deutschland
galt. Auf Göttingen folgte ein einjähriger Aufenthalt
in Paris. Hier entstand, veranlaßt durch eine Be-
kanntschaft mit dem gelehrten nordamerikanischen
Konsul Warden, sein auf selbständigen Quellenstudien
beruhendes „Bundesstaatsrecht der Vereinigten
Staaten von Nordamerika" (Bd. I. Verfassungs-
recht. Stuttgart und Tübingen 1824), welches zum
ersten Male das der Union zu Grunde liegende bundes-
staatliche Prinzip darlegte und mit klarem Blick in
das Wesen der nordamerikanischen Staatseinrichtungen
eindrang. In dieser Zeit trat auch Mohl in nähere
Beziehungen zu den Führern der liberalen Partei und

lebte sich ganz in die Anschauungen des konstitutionellen Systems ein, wie es damals in Frankreich,
besonders durch Benjamin Constant, auferbaut
wurde. Sein Lebenlang hat er unter dem Einflusse
dieser Schule gestanden, wenn ihn auch sein maßvoll
praktischer Sinn vor allen späteren Extravaganzen
derselben bewahrte.

3.

Der Tübinger Profeſſor.

Unerwartet erhielt der fünfundzwanzigjährige Gelehrte einen Ruf als außerordentlicher Profeſſor des Staatsrechts an die Univerſität Tübingen und kehrte im Frühjahr 1824 in die alte Heimath zurück. Aus dem Getümmel der Weltſtadt war er, mit plötzlichem Scenenwechſel, in die ländliche ſchwäbiſche Muſenſtadt am Neckar verſetzt. Aus dem Lernenden ſollte nun ein Lehrender werden. Er eröffnete ſeine akademiſche Thätigkeit mit einer von ihm neu eingeführten Vorleſung über vaterländiſches, d. h. württembergiſches Staatsrecht. Außerdem las er über die Encyklopädie der Staatswiſſenſchaften, über Polizeiwiſſenſchaft und Statiſtik. Aus dieſer akademiſchen Thätigkeit wuchſen in Tübingen zwei Hauptwerke ſeines Lebens hervor, es ſind dies: „Das Staatsrecht des König-

2*

reichs Württemberg", Bd. I. u. II., Tübingen 1829,
2. Aufl. I u. II. 1840 und „Die Polizeiwissenschaft
nach den Grundsätzen des Rechtsstaates", Bd.
I.—III. Tübingen 1832. 2. Aufl. 1844. 3. Aufl. 1866.
Beide bedürfen, als zwei Hauptwerke Mohls, einer
näheren Besprechung.

Schon zu Reichszeiten wurde, neben dem Gesammt-
staatsrechte des Deutschen Reiches, das Staatsrecht
der einzelnen Territorien vielfach behandelt; nicht nur
die größeren Territorien, wie Oesterreich, Bayern,
Sachsen, Württemberg, Mecklenburg, besaßen verdienst-
liche Werke über ihr Partikularstaatsrecht; bei der
merkwürdigen Hypertrophie der staatsrechtlichen Literatur im achtzehnten Jahrhundert wurden sogar die
kleinsten Staatsatome, wie die Reichsstädte Aalen und
Zell am Hammersbach, die Abtei Baindt und die
Grafschaft Sayn solcher Darstellungen von dem unermüdlichen Moser gewürdigt. Ganz anders wurde dies
nach der Auflösung des Reiches. Eine tausendjährige
Form, die selbst in ihrer Schwäche noch ehrwürdig
gewesen war, war zusammengebrochen, ohne daß ein
neuer, rechtlicher Gesammtverband an ihre Stelle
getreten wäre. Deutschland erlebte damals eine Revolution, nur daß sie nicht vom Volke, sondern von
den Fürsten ausging. Gebiete, Dynastieen, Verfassungen
wechselten fast jeden Tag. Mit einem Federstriche schuf

der französische Imperator Staaten und vernichtete
sie wieder; die deutschen Fürsten ahmten das Beispiel
ihres bewunderten Vorbildes getreulich nach und warfen
schonungslos über den Haufen, was irgendwie mit
den geschichtlichen Wurzeln der Vergangenheit zusam-
menhing. Deutschland glich einem großen Versuchs-
felde, wo Alles durchprobirt wurde, aber nichts zu
einer dauernden Gestaltung gelangte. Kein Wunder,
daß in dieser Zeit die konservativste aller Wissenschaften,
das Staatsrecht, wie unnöthiger Ballast über Bord
geworfen, die ganze staatsrechtliche Literatur für Ma-
kulatur erklärt wurde. Erst mit der Gründung des
Deutschen Bundes traten für unsere Wissenschaft wieder
bessere Zeiten ein. Mochte die Gesammtform Deutschlands noch so unvollkommen sein — jedenfalls war
Deutschland doch wieder mehr, als ein bloßer geo-
graphischer Begriff; ja im Vergleiche mit den chao-
tischen Zuständen der letzten Reichszeiten erschien selbst
die Verfassung des Deutschen Bundes noch wahrer
und logischer. Die publizistische Neigung der deutschen
Gelehrten warf sich daher bald wieder auf das deutsche
Staatsrecht, wobei Johann Ludwig Klüber die
Brücke vom alten Reichsstaatsrechte zum neuen Bun-
desstaatsrechte mit sachkundiger Hand zu schlagen
wußte. Dabei wurde der ziemlich unklare Begriff
eines sogenannten gemeinen Landesstaatsrechts aus

der Reichszeit mit herübergenommen, indem man ein
solches aus einer gewissen Uebereinstimmung der einzelnen Landesstaatsrechte konstruiren zu können meinte.
Dieser gemeinstaatsrechtlichen Richtung gegenüber, die
bei manchen Verdiensten doch eine Unklarheit in der
Methode mit sich führte, trat Mohl jetzt mit dem Parti-
kularstaatsrechte des Königreichs Württemberg auf,
indem er gewissermaßen vorbildlich das Staatsrecht
eines deutschen Einzelstaates zum ersten Mal in scharfer,
präziser Form behandelte. Er gab hier nicht die künstliche Konstruktion angeblich gemeinrechtlicher Sätze,
sondern unmittelbar geltendes, imperatives Recht eines
konkreten Staates. Zum Gegenstande einer solchen
Arbeit war kein Staat damals mehr geeignet als
das Königreich Württemberg, welches seit dem Jahre
1819 eine konstitutionelle Verfassung erhalten hatte,
die mehr als alle übrigen Verfassungen an das alte
geschichtliche Landesrecht anknüpfte und darum bereits
im Bewußtsein des Volkes tiefe Wurzeln geschlagen
hatte. Der junge, kaum dreißigjährige Staatsrechtslehrer schenkte damit seinem Heimathslande ein Buch,
welches ein Menschenalter in allen staatsrechtlichen
Fragen als Autorität ersten Ranges galt und von der
Regierung, wie von den Ständekammern fast wie ein
offizieller Kommentar des württemberg. Verfassungs-
rechtes angesehen wurde. Mohls Staatsrecht steht

hoch über allen ähnlichen Arbeiten der Reichszeit.
Seltene Kunde der Gesetze, Verordnungen und stän-
dischen Verhandlungen des Landes, sowie eine reiche
Literaturkenntniß stellt es den besten Arbeiten Mosers
zur Seite, es übertrifft aber dieselben weit an Syste-
matik, geschmackvoller Darstellung und staatsmän-
nischem Blicke, wenn auch dem eigentlich juristischen
Urtheile Mohls nicht immer beigetreten werden kann.
Es ist ein modernes Buch im besten Sinne des Wortes.
Mohl steht auf einem entschieden konstitutionellen
Standpunkt, ohne die unhaltbare Theorie von der Thei-
lung der Gewalten anzunehmen oder den Anschauungen
des vulgären Liberalismus der Rotteck'schen Schule
Raum zu geben. Mohl ist entschieden monarchischer
als die publizistische Schule, welche in Süddeutschland
damals die Presse und die Tribüne beherrschte, aber
dabei ist er im echt deutschen Sinne ebenso unerbittlich
streng, wo es sich um das verfassungsmäßige Recht
der Stände, um die Grundrechte des Volkes handelt.
Ihm, als echtem Altwürttemberger, ist „der nur verfassungsmäßige Gehorsam der Staatsbürger" das
höchste Axiom des konstitutionellen Staatsrechtes, wofür einst sein Urgroßvater Moser auf dem Hohentwiel
gelitten hatte. Man kann den Werth eines solchen
Buches, in welchem jeder Jurist, Beamte, Volksver-
treter, ja jeder württembergische Staatsbürger, der sich

mit öffentlichen Angelegenheiten zu beschäftigen hat,
für alle Fragen seines Landesstaatsrechts eine ebenso
freimüthige, als wissenschaftlich begründete Ansicht
findet, für die Befestigung eines gesunden Rechtsbewußt-
seins im Volke gar nicht hoch genug anschlagen. Das
Schwanken des Gesinnungslosen, wie die Leidenschaft
des Parteimannes finden in einem solchen Werke Maß
und Salt. Das württembergische Volk kann es sich
zur Ehre anrechnen, daß es durch Mohl das erste
wissenschaftliche Landesstaatsrecht empfangen hat,
während es C. G. von Wächter das beste Lehrbuch
eines partikulären Privatrechtes verdankt. Mohls
württembergisches Staatsrecht hat weit über Württembergs Grenzen hinaus gewirkt. Alle neueren wissenschaftlichen Bearbeitungen deutscher Landesstaatsrechte,
eine gegenwärtig sehr bedeutsame und einflußreiche
Literatur, stehen auf seinen Schultern, wenn sie ihn
auch mannigfach, besonders in eigentlicher juristischer
Begründung, überholt haben.

Von noch allgemeinerer Bedeutung ist das zweite
große Werk der Tübinger Periode: „Die Polizeiwissenschaft nach den Grundsätzen des Rechts-
staats". Schon im vorigen Jahrhundert hatte die
sogenannte Polizeiwissenschaft eine ebenso umfangreiche,
als unwissenschaftliche Literatur gehabt, indem man
sich vor Allem über den Grundbegriff der Polizei nichts

weniger als klar war und darunter Alles verstand, was nicht der Justiz, der Finanz und dem Militärwesen angehört. Kurz, die Polizeiwissenschaft wurde im vorigen Jahrhundert als die große Rumpelkammer angesehen, in welche Alles unterschiedslos geworfen wurde, was in jene oben genannten Fächer nicht unterzubringen und doch für den Verwaltungsbeamten nöthig oder wenigstens nützlich zu wissen war. In diesem zerfahrenen Sinne hatten die sonst verdienten Schriftsteller Justi, Sonnenfels und Friedrich Christoph Jonathan Fischer die Polizeiwissenschaft behandelt, während der wackere Günther Heinrich von Berg dem zudringlichen Eingreifen der allmächtigen Polizeigewalt, im Sinne der bürgerlichen Freiheit, bereits rechtliche Schranken zu ziehen versucht hatte. Seitdem war die Sache so ziemlich liegen geblieben und erst Mohl nahm die Aufgabe wieder auf, indem er die auf der Grundlage des Absolutismus erwachsene Polizei nach den Bedürfnissen der Gegenwart und den Grundsätzen des konstitutionellen Rechtsstaates zum erstenmal wissenschaftlich zu behandeln versuchte. Man kann nun allerdings nicht sagen, daß es Mohl gelungen wäre, den Begriff der Polizei wissenschaftlich zu begründen und festzustellen. Auch ihm gilt die gesammte Staatsthätigkeit für die Förderung des Gemeinwohls ohne Unterschied als Polizei,

so daß nach seiner Auffassung in der Handhabung
von Justiz und Polizei die ganze innere Staatsthätigkeit (abgesehen von Finanz- und Militärverwaltung,
die ihm nur dienende Funktionen sind) begriffen ist.
Bei Mohl fällt daher die Polizeiwissenschaft ganz mit
der inneren Verwaltungslehre zusammen, während sich
in der Praxis, wie in der Gesetzgebung, längst die
mehr oder weniger bestimmte Vorstellung fixirt hatte,
daß die Polizei keineswegs die ganze innere Verwaltung, sondern nur die negative, Gefahren abwendende
Zwangsgewalt der Regierung umfaßt, daß die Polizei
ein der ganzen Verwaltung immanentes Prinzip, keineswegs aber die ganze innere Verwaltung selbst ist. Die
immer wiederkehrende Erscheinung, daß eine falsche
Grundbestimmung an der Spitze eines Systems der
ganzen Darstellung einer Wissenschaft Eintrag thut,
macht sich auch in Mohls Werke geltend. Dazu kommt,
der zweite prinzipielle Schlgriff, nämlich daß Mohl
die sogenannte Sicherheitspolizei, welche es mit dem
Schutze der Rechtsordnung zu thun hat, ganz aus dem
Gebiete der Polizei ausgeschieden und als Theil der
Justiz betrachtet wissen will. Seine sogenannte Prä-
ventivjustiz steht mit dem Wesen der Justiz in di-
rektem Widerspruche, welche es stets mit einer bereits
geschehenen Rechtsverletzung, nie mit einer blos drohen-
den Gefahr zu thun hat. Auch die gegen die Gefähr-

dungen der allgemeinen Rechtsordnung gerichtete
Sicherheitspolizei ist lediglich Polizei und von der
Justiz grundsätzlich zu scheiden, wenn sie aus Zweck-
mäßigkeitsgründen auch häufig denselben Organen
anvertraut ist.

Trotz dieser jetzt wohl allgemein anerkannten grund-
sätzlichen Mängel bleibt Mohls Polizeiwissenschaft ein
ebenso wissenschaftlich bedeutsames, als praktisch ein-
flußreiches Buch. Während die liberalen Politiker
der damaligen Zeit sich nur mit konstitutionellen Verfassungsfragen beschäftigten, während sich die Juristen
lediglich für Privatrecht und Prozeß interessirten, blieb
das so unendlich reiche Gebiet der inneren Verwaltung
wissenschaftlich unbeachtet und unbebaut. Man über-
ließ es einfach der Routine der Praktiker und der
Willkür jeweiliger Regierungsmaßregeln. Mohl behandelte das gesammte innere Verwaltungsrecht zum
ersten Male im Sinne des modernen Staatsbedürfnisses,
freilich einseitig vom polizeilichen Standpunkte, unter
einer nicht entsprechenden Firma, aber im Einzelnen
so reichhaltig, so gelehrt und doch so praktisch, daß
er jedem denkenden Verwaltungsbeamten werthvolle
Fingerzeige für seine Thätigkeit gab. Durch dieses
Werk Mohls wurde die Verwaltungspraxis aus der
gewöhnlichen Routine in den Bereich wissenschaftlicher
Grundsätze erhoben. Ein dem realen Leben zugewen-

der Blick, ein gesundes Urtheil, eine Kenntniß aller
einschlagenden Einrichtungen des In- und Auslandes
ist ein Vorzug dieser wie aller Mohl'schen Arbeiten.
Während der eudämonistische Polizeistaat des achtzehnten Jahrhunderts jeden Eingriff in die Freiheit
des bürgerlichen Lebens für erlaubt hielt, wenn ein
solcher nur dem vermeintlichen Gesammtwohl zu dienen
schien, und schließlich bei der Lehre ankam: „die
Unterthanen seien schuldig, Alles zu tragen, was ihnen
auferlegt werde", suchte Mohl dagegen der polizeilichen
Thätigkeit bestimmte Schranken zu ziehen und die
staatsbürgerliche Freiheit gegen Willkürmaßregeln zu
schützen. Wenn ihm auch der Gedanke der Selbst-
verwaltung noch nicht vollständig aufgegangen war,
so suchte er doch die Selbstthätigkeit der Bürger schon
möglichst herbeizuziehen, um sie für die höheren Aufgaben der Staatsthätigkeit heranzubilden. Wenn Mohl
in richtiger Einsicht in die Aufgaben des modernen
Staates denselben niemals auf den bloßen Rechtsschutz
beschränkte, sondern ihm auch die Förderung aller
vernünftigen Gemeinzwecke des Volkslebens vindizirte,
so konnte er doch von seiner Polizeiwissenschaft sagen,
daß sie „nach den Grundsätzen des Rechtsstaates" behandelt werde, indem er auch die ganze Thätigkeit
der Polizei an gesetzliche Schranken gebunden und die
Freiheitsrechte der Bürger auf's strengste geachtet wissen

wollte. Kurz, in der dunkeln Hülle der Polizeiwissenschaft lag hier bereits der fruchtbare Keim der Verwaltungslehre. Gelang es, diese Hülle zu lösen,
so sprang aus ihr, eine waffengerüstete Minerva, die
umfassendste Disciplin der modernen Staatswissenschaft,
die Verwaltungslehre, fertig hervor. Mohl war es
allerdings nicht beschieden, die lösende Zauberformel
selbst auszusprechen, wie überhaupt die Lösung großer
grundsätzlicher Fragen seinem wenig philosophischen
Geiste nicht gegeben war, aber er hat das Verdienst,
die Brücke geschlagen zu haben aus der willkürlichen
Polizeiroutine des achtzehnten Jahrhunderts in das
wissenschaftliche Verwaltungsrecht der Gegenwart, welche
eine „Verwaltung nach Gesetzen" als höchstes Ziel des
inneren Staatslebens ansieht. Wenn in unsern Tagen
Rudolf Gneist das Verwaltungsrecht des größten
Staatsvolks der Neuzeit in festen Grundzügen ge-
zeichnet, wenn L. von Stein den systematischen Aufbau einer Verwaltungslehre, auf Grundlage der posi-
tiven Verwaltungsrechte aller europäischen Kultur-
völker, in großem Stile begonnen hat, so ist doch nicht
zu verkennen, daß Mohl, als muthiger Pionier des
modernen Staatsgedankens, ihnen den Weg gebahnt
hat, um den wissenschaftlichen Höhepunkt zu erreichen,
den er selbst zu erklimmen nicht im Stande war.
Jedenfalls ist dieses Buch Mohls das bedeutendste,

wahrscheinlich aber auch das letzte Werk, welches über
die sogenannte Polizeiwissenschaft geschrieben worden
ist. In die Tübinger Zeit fällt auch Mohls ausführliche Monographie: „Die Verantwortlichkeit
der Minister in Einherrschaften mit Volksvertretung" (Tübingen 1837), welche die schwierige
Frage nicht wesentlich weiter fördert und mehr nur
als Beispielsammlung geschichtlicher causes célèbres
von Werth ist.

Werthvoller ist sein „Gutachten gegen die Ansprüche
des Obersten Sir August d'Este auf Thronfolgefähig-
keit in Großbritannien und Hannover" (1835), worin
er die unhaltbaren Behauptungen zweier anderer
Staatsrechtslehrer, R. S. Zachariä und Klübers,
widerlegt und die richtigen Grundsätze des deutschen
Fürstenrechts gegen die haltlosen Ansprüche eines aben-
teuerlichen Prätendenten, im Einklang mit Karl Friedrich Eichhorn, vertheidigt. Außerdem betheiligte er
sich in dieser Zeit an zwei bedeutenden literarischen
Unternehmungen. Im Jahre 1829 war von Mitter-
maier und Zachariä die „Kritische Zeitschrift für die
Gesetzgebung und Rechtswissenschaft des Auslandes"
gegründet, in deren Redaktion Mohl 1835 eintrat und
deren fleißiger Mitarbeiter er bis zu ihrem Ende 1856
geblieben ist. Auch wurde er Mitbegründer der Tübinger „Zeitschrift für die gesammte Staats-

wiſſenſchaft". Die zahlreichen Kritiken und ſelb-
ſtändigen Abhandlungen aus allen Gebieten der Staatswiſſenſchaften, welche Mohl in dieſe beiden Zeitſchriften
wie in die Cotta'ſche Vierteljahrsſchrift, die Monatsblät-
ter der Allgemeinen Zeitung und in dieſe ſelbſt lieferte,
ſind dann von ihm in umgearbeiteter Geſtalt in ein
großes Sammelwerk aufgenommen worden. So wirkte
Mohl zweiundzwanzig Jahre lang als Lehrer und
Schriftſteller, als thätiges Mitglied der akademiſchen
Korporation an ſeiner heimiſchen Univerſität und
wurde als Oberbibliothekar der Neuſchöpfer der Tübinger Univerſitätsbibliothek. Nachdem er ſchon 1827
zum ordentlichen Profeſſor ernannt war, gründete er
im Jahre 1830 durch Verheirathung mit Pauline
Becher, Tochter des Medicinalrathes Dr. Becher zu
Stuttgart, ein glückliches und beglückendes Familien-
leben, in welches die junge Hausfrau neben dem ſcharfen
Verſtande und oft ſchneidenden Witze des Gatten das
weichere, gemüthvolle Element in liebenswürdiger Weiſe
vertrat. Schon in Tübingen wurde die Gaſtlichkeit
des Mohl'ſchen Hauſes gerühmt, welches dann auch
ſpäter in Heidelberg jüngeren Gelehrten, hervorragenden Fremden und ſtrebſamen Studirenden ſich
gern öffnete und ihnen manche unvergeßliche Stunden
der Unterhaltung und Belehrung gewährte.

Aus dieſer Ehe entſprangen vier noch lebende

Kinder, zwei Söhne und zwei Töchter. Der älteste
Sohn widmete sich der militärischen Laufbahn, nahm
als badischer Artilleriehauptmann an dem Feldzug von
1870/71 ehrenvollen Antheil und steht jetzt als Major
in preußischen Diensten. Der andere, Dr. jur. Ottomar
v. Mohl, war in die Diplomatie des Deutschen Reiches
getreten, hatte in fremden Welttheilen die Konsulats-
laufbahn begonnen, wurde dann Kabinetssekretär
Ihrer Majestät der deutschen Kaiserin, dann Konsul des
Deutschen Reiches in Cincinnati und ist gegenwärtig kaiser-
lich deutscher Konsul in St. Petersburg. Von den beiden
Töchtern ist die eine mit einem hohen österreichischen
Beamten, dem jetzigen Landespräsidenten von Kärnten,
Schmidt von Zabierow, die andere mit einem der
genialsten Naturforscher der Gegenwart, Geh. Rath
Professor Dr. von Helmholtz zu Berlin verheirathet.

Mit dem von ihm persönlich verehrten Könige
Wilhelm I., welcher ihm auch die Leitung der staatswissenschaftlichen Studien des damaligen Kronprinzen
übertrug, sowie mit der Regierung stand er Jahrelang
im besten Einvernehmen und wurde von ihr mannigfach ausgezeichnet, bis ein unerwartetes Ereigniß diesem
Verhältnisse schnell ein Ende machte. Nach den Grundsätzen der württembergischen Verfassung konnte Mohl
nicht in die zweite Kammer gewählt werden, so lange
sein Vater Mitglied der Kammer der Standesherren

war. Erst mit deffen im Jahre 1845 erfolgtem Tode
fiel diefes Sinderniß weg und nun trat Mohl fogleich
als Wahlkandidat für das Amt Balingen auf. Aber
diefes fein erftes Auftreten brachte ihn auch fogleich
in Konflikt mit der Regierung, deren einflußreichftes
Mitglied der Staatsminifter Schlayer war. Diefer
hochbegabte Mann, Sohn eines Tübinger Sandwerkers,
hatte es vom Schreiber in der Univerfitäts-Kammer-
verwaltung durch feltene Energie zur höchften Stellung
in feinem Vaterlande gebracht und war lange Jahre
die Seele der württembergifchen Regierung. Zuerft
durch die Wahl der Liberalen in die Kammer gelangt,
wurde er, nachdem er zum Minifter des Innern ernannt war, der eigenmächtigfte Bureaukrat, welcher
der Verwaltung Württembergs auf langehin den Stempel
feines felbftherrlichen Geiftes aufprägte. Seine an-
geborene Seftigkeit, feine Ueberzeugung von dem allei-
nigen Rechte der Regierung, die barfche Art, womit
er die Ueberlegenheit feiner Stellung und Intelligenz
zur Geltung brachte, machte ihn zum gefürchtetften
Manne im ganzen Lande, welchem auch die Kammern
nur felten mit Erfolg entgegenzutreten wagten. Mit
ihm nahm Mohl, gleich bei feinem erften Auftreten,
den Kampf auf. Sein Wahlprogramm ift unum-
wunden gegen Schlayers bureaukratifche Regierungs-
weife gerichtet, welche fich nur äußerlich in die kon-

ftitutionellen Formen kleidete, in der That aber der
barfte Abfolutismus war. Das Schreiben Mohls
vom 5. September 1845, welches für fein Schicksal
fo verhängnißvoll werden follte, ift an den Rechts-
konfulenten Nagel in Balingen gerichtet und nicht
eigentlich für die Oeffentlichkeit, fondern nur zur
Mittheilung an einflußreiche Perfönlichkeiten unter den
Wählern beftimmt. Dasfelbe geht das herrfchende
Verwaltungsfyftem nach allen Richtungen hin durch
und kommt fchließlich zu dem Refultate: „daß die Regierung über die Verzögerlichkeit, Gleichgültigkeit, Un-
wiffenheit und in einzelnen Fällen über pofitiv fchäd-
liche Schritte Tadel verdient". Das Sündenregifter
ift lang, aber es enthält nirgends leere Befchuldigungen,
fondern belegbare Thatfachen. Man wird durch die
rückfichtslofe Entfchiedenheit in demfelben an den Freimuth des alten Mofer gemahnt. Aber das Minifterium
faßte Mohls Schreiben, welches ohne fein Wiffen in
die Oeffentlichkeit gelangt und gedruckt worden war,
nicht als das offene Wort eines freien Staatsbürgers
an feine Wähler, fondern als „einen Akt der Unbot-
mäßigkeit eines Staatsdieners auf, welcher dadurch
die Pflichten feines Dienftverhältniffes verletzt habe".
(„Die Aktenftücke, betreffend den Dienftaustritt des
Profeffor R. v. Mohl". Freiburg 1846.) Von einer
Befugniß Gebrauch machend, welche ihm die württem-

bergifche Dienstpragmatik an die Hand gab, enthob ihn das Ministerium seiner Tübinger Professur und verfetzte ihn zur Strafe als Regierungsrath nach Ulm. Eine Beschwerde an den Geheimen Rath, sowie ein Gesuch an den sonst für ihn so wohlgesinnten König blieb erfolglos. Aber Mohl war nicht der Mann, eine solche Maßregel ruhig über sich ergehen zu lassen. Er nahm seinen Abschied aus dem württembergischen Staatsdienst und widmete sich zunächst ganz der literarischen Thätigkeit. Aber nicht lange sollte er dem Universitätsleben entzogen werden.

4.

Die Ueberſiedelung nach Heidelberg und das Jahr 1848.

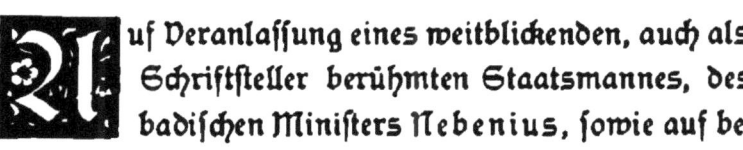

uf Veranlaſſung eines weitblickenden, auch als Schriftſteller berühmten Staatsmannes, des badiſchen Miniſters Nebenius, ſowie auf beſondern Betrieb des hochverdienten Heidelberger Nationalökonomen Rau erhielt Mohl im Jahre 1847 einen Ruf als Profeſſor der Staatswiſſenſchaften an die Univerſität Heidelberg, welchen der in Württemberg ſo tief gekränkte Mann mit Freuden annahm. Dieſer Ruf enthob ihn nicht nur jeder Sorge für ſeine immer zahlreicher werdende Familie, ſondern verſchaffte auch dem gereiften Manne eine bedeutſame Erweiterung ſeines Horizontes. Trotz ſeiner Bekanntſchaft mit den Staatseinrichtungen fremder Länder und ſeiner ausgebreiteten internationalen Beziehungen hatte er bis dahin nur als Württemberger

gedacht und empfunden. In dieſem Staate gingen
ſeine Beſtrebungen, Wünſche und Pläne für die Zu-
kunft auf. Seinem ſtets auf das Praktiſche, zunächſt
Erreichbare gerichteten Sinne lag bis dahin die deutſche
Frage nur „im Reiche der Träume“. In Baden und
Heidelberg trat Mohl in eine ganz andere politiſche
Atmoſphäre. Niemals hatte ſich der badiſche Liberalismus ſo ſelbſtgenügſam abgeſchloſſen wie der württem-
bergiſche, und beſonders war damals Heidelberg das
Hauptquartier einer werdenden, zukunftsreichen Partei,
welche die Löſung der deutſchen Frage im einheitlichen
Sinne als das A und O aller politiſchen Beſtrebungen
betrachtete. Als ihr Organ wurde die „Deutſche
Zeitung“ begründet, deren Redakteur Gervinus,
deren Verleger Friedrich Baſſermann war. Die
bedeutendſten Gelehrten und Politiker von Süd- und
Norddeutſchland verbanden hier ihre beſten Kräfte im
Dienſte der gemeinſamen deutſchen Sache. Ihre klaſ-
ſiſchen Leitartikel wurden zu einer Macht unter den
Gebildeten Deutſchlands und ſelbſt in den Berliner
Hofkreiſen beachtet. Neben der Forderung des kon-
ſtitutionellen Repräſentativſyſtems trat hier der Gedanke an eine feſte bundesſtaatliche Gliederung Deutſchlands in den Vordergrund und wurde zum erſten Male
in einem ſüddeutſchen Blatte darauf hingewieſen, daß
Deutſchlands Einheit nur durch Preußen geſchaffen

werden könne. Hatte bis dahin der süddeutsche Liberalismus in Preußen nur die absolute nordische Groß-
macht, den verhaßten Militärstaat verabscheut, so erkannte die neu sich bildende deutsche Partei, daß man
nicht durch gesinnungstüchtige Kammerresolutionen und
begeisterte Tafelreden, sondern nur durch die reale
Macht eines wirklich geeinten Staatswesens das neue
Deutschland auferbauen könne. In diesen Kreis deutsch-
gesinnter Männer trat Mohl in Heidelberg, kurz ehe
das weltgeschichtliche Jahr 1848 die nur theoretisch
erörterte deutsche Frage praktisch in Fluß brachte.
Beim Anfange dieses Jahres warf ihn eine schwere
Krankheit nieder, so daß er selbst der wichtigen Versammlung der 51 deutschen Männer am 5. März zu
Heidelberg nicht beiwohnen konnte und deßhalb sein
Name auch nicht unter den Unterzeichnern dieser ein-
flußreichen Erklärung steht. Erst Ende März konnte
er sich wieder am Gange der öffentlichen Angelegenheiten betheiligen.

Großes Aufsehen erregte es, daß Mohl am 26.
März 1848 in der Heidelberger Deutschen Zeitung
einen Aufsatz veröffentlichte, dessen Inhalt gerade in
der entscheidenden Hauptfrage mit den Grundsätzen
des Blattes in Widerspruch trat. Nachdem er die
verschiedenen Möglichkeiten der Errichtung einer deutschen Centralgewalt durchgegangen hatte, kam er zu

dem überraschenden Schlusse: „Wir sehen keine andere
Möglichkeit als einen erblichen Kaiser. Wir unserer-
Seits sprechen uns für Oesterreich aus. Oesterreich
ist bei weitem der mächtigste Staat. Preußen hat es
seit dem Baseler Frieden bewiesen, daß es seine Stellung zu Deutschland nie begriffen hat.“

In dem württembergischen Wahlkreise Mergent-
heim wurde Mohl zum Mitgliede der deutschen Nationalversammlung gewählt. Er benutzte die Zeit bis zur
Eröffnung derselben zur Ausarbeitung einer Geschäfts-
ordnung, ließ dieselbe drucken, legte sie in einer der
ersten Sitzungen der Versammlung vor und hatte die
Genugthuung, daß dieselbe fast einstimmig angenommen
wurde. Bald darauf wurde Mohl in den Verfassungs-
ausschuß gewählt, in welchem der Schwerpunkt der
ganzen Thätigkeit der Nationalversammlung lag. Hier
saßen Männer, wie D a h l m a n n, welcher trotz der
scheinbaren Schwerfälligkeit des gelehrten Theoretikers
doch in allen großen Verfassungsfragen die geniale
Intuition des wahren Staatsmannes besaß und, als
einer der 17 Vertrauensmänner des Deutschen Bundes,
die Grundzüge der neuen deutschen Reichsverfassung
in körnigem Lapidarstile vorgezeichnet hatte, G e o r g
B e s e l e r, der bewährte Kämpfer volksthümlicher
Rechtsentwicklung in Deutschland, welchen Mohl selbst
als „die erste Arbeitskraft der ganzen Versammlung“

bezeichnete, die Geſchichtsſchreiber Waitz und Droyſen,
von denen Letzterer das Protokoll mit Meiſterſchaft
führte, die Größen des erſten preußiſchen vereinigten
Landtages, der ritterliche Fürſt Lichnowsky und
der feinſinnige Hermann von Beckerath.

Im täglichen Zuſammenſein mit ſolchen Männern
ging Mohl zuerſt ein Licht auf über Weſen und Bedeutung des preußiſchen Staates, welcher ihm bis dahin ferner gelegen hatte als Frankreich, England und
Nordamerika, und er kam zu der Einſicht, daß das
neue Deutſche Reich nicht durch das vielſprachige Völker-
gemiſch Oeſterreichs, ſondern nur durch die ſtraff zu-
ſammengefaßte, auf deutſcher Grundlage ruhende Staats-
macht Preußens geſchaffen werden könne. Die Erfahrungen mit Oeſterreich und mit den Oeſterreichern, die
er in Frankfurt machte, thaten ebenfalls das Ihrige.
Kurz, aus dem großdeutſchen Liberalen wurde, ihm
ſelbſt faſt unbemerkt, in wenigen Monaten ein Anhänger der immer enger ſich zuſammenſchließenden
Partei, welche „bundesſtaatliche Einigung Deutſchlands
unter Preußens mächtiger Führung, dann aber enge
völkerrechtliche Verbindung mit dem ſtammverwandten
Oeſterreich" auf ihre Fahne geſchrieben hatte. Wahrlich ein großgedachtes, prophetiſches Programm, welches
in unſeren Tagen ſeine Verwirklichung gefunden hat!

Kaum haben wohl in einer Verſammlung die

Klubs eine solche Rolle gespielt wie damals in Frankfurt. Anschluß an einen solchen war fast unvermeid-
lich. Mohl trat dem linken Centrum bei, welches im
„Augsburger Hofe", einem Gasthofe sechsten oder
siebenten Ranges, in einer winkeligen Gasse unter der
gewandten Leitung des Professors Biedermann aus
Leipzig, bei erstickendem Tabaksqualme und bayerischem
Bier, noch nach allen Plenar- und Ausschußsitzungen
gewöhnlich bis Mitternacht debattirte.

Nachdem dem Erzherzog Johann die provi-
sorische Centralgewalt übertragen worden war, mußte
derselbe sich mit einem verantwortlichen Ministerium
umgeben, an dessen Spitze zuerst der Fürst von Lei-
ningen, dann der Oesterreicher Schmerling und endlich
Heinrich von Gagern trat. Mohl wurde am 9. August
1848 zum Reichs-Justizminister ernannt. Nie ist wohl
ein Ministerium in einer so eigenthümlichen Lage gewesen als dies Reichsministerium von 1848, welches
keinen wirklichen Staat, sondern nur einen in der
Idee bestehenden Zukunftsstaat zum Gegenstand seiner
Thätigkeit hatte. Während die Märzminister in den
einzelnen deutschen Staaten, trotz mancher Neulings-
unsicherheit, doch eine bestimmte Behördenorganisation
und eine geordnete Bureaueinrichtung vorfanden, hatte
das neugebildete Reichsministerium, als es vor der
Nationalversammlung und dem ganzen Volke auf-

treten und Beweise seiner Thätigkeit geben sollte, gar
keine äußeren Mittel irgendwelcher Art zur Hand.
Man setzte sich, halb mit Gewalt, in dem vom Bundes·
tage verlassenen Taxis'schen Palais fest und theilte die
leeren Zimmer unter sich aus; aber in diesen fanden
sich, außer einigen verblichenen Prachtstücken, keine
Geräthe, keine Möbel, keine Beamten, keine Schreiber,
keine Diener, in den leeren Schränken kein Akten·
stück zur Orientirung über die von allen Seiten an·
stürmenden Anfragen, Beschwerden und Hilfsgesuche.
Jeder Minister mußte sich sein Bureau geradezu aus
dem Nichts schaffen. Mohl erzählte später noch lachend,
daß sein erster Weg, nach seiner Ernennung zum Justiz·
minister, in einen Frankfurter Papierladen gegangen
sei, um sich einige Buch Schreibpapier und etliche
Stangen Siegellack einzukaufen.

Trotz dieser anfänglichen Schwierigkeiten, trotz
dieses Mangels an aller geschäftlichen Tradition, ge·
lang es dem Ministerium bald, sich zu organisiren und
manche achtungswerthe Ergebnisse seiner Thätigkeit
an den Tag zu legen. Am schwierigsten war es, die
Linke der Nationalversammlung zu befriedigen, welche
fortwährend in den regelmäßigen Geschäftsbetrieb der
Ministerien mit überflüssigen Interpellationen und
dringlichen Anträgen eingriff, und dabei an der Fiktion
festhielt, daß die Reichsregierung, wie etwa weiland

der Konvent über Frankreich, über alle Machtmittel von ganz Deutschland unbedingt verfüge, während sie doch lediglich vom guten Willen der größeren Einzel- staaten abhängig war. Mohl bestieg bei der Erörterung großer politischer Fragen selten die Rednerbühne, war aber ein angesehenes Mitglied des Ministerrathes und erwarb sich auch in seinem speziellen Ressort manches Verdienst. So setzte er die unveränderte Annahme der schon vor dem Ausbruche der Bewegung im Jahre 1848 von den deutschen Regierungen vollständig aus- gearbeiteten Wechselordnung, besonders gegen Mitter- maiers unzeitige Revisionslust, durch und publizirte dieselbe am 26. November 1848 als Reichsgesetz. Er regte die Ausarbeitung eines Entwurfes zu einem ge- meinsamen Handelsgesetzbuche für ganz Deutschland an und setzte im Oktober 1848 eine aus hervorragenden Sachmännern zusammengesetzte Kommission zu diesem Zwecke nieder, welche unter der Leitung des Unter- staatssekretärs Widenmann aus Düsseldorf, eines ge- wiegten rheinischen Juristen, im Dezember in Frank- furt zusammentrat und bereits im März 1849 die fünf ersten Titel ihres Entwurfes nebst Motiven vorlegen konnte.

Lauteren Beifall erwarb sich Mohl noch durch die energische Unterdrückung der Spielbanken. In der Nationalversammlung kam eines Tages, dem Mini-

sterium ganz unerwartet, eine mit vielen Unterschriften
bedeckte Petition gegen die Fortdauer der sog. Spiel-
höllen zur Sprache. Mohl, als der einzig anwesende
Minister, war genöthigt, die Rednerbühne zu besteigen.
Als er sich, gereizt durch Mittermaiers Widerspruch,
gegen das Unwesen der Spielbanken in sehr ener-
gischen Worten aussprach, wurde er von stürmischem
Beifall unterbrochen und Alles rief: „Stellen Sie Antrag." Ohne sich einen Augenblick zu besinnen, nahm
Mohl einen vor ihm auf der Tribüne liegenden Stimm-
zettel und schrieb mit Bleistift darauf: „Gesetzesent-
wurf. Einziger Artikel: Sämmtliche Spielbanken in
Deutschland sind aufgehoben." In der Versammlung
brach lauter Jubel aus und in zwei Minuten war
das Gesetz angenommen. Auf diesen Triumph in der
Versammlung folgte dann Abends im Ministerrathe
freilich eine ziemliche Abkühlung. Man schüttelte den
Kopf über das tumultuarische Verfahren und fürchtete
die Konsequenzen dieses Beschlusses den Einzelregie-
rungen gegenüber. Die Sache ging indessen besser, als
man gedacht hatte; die Regierungen gehorchten und
schlossen die Banken. Nur der Landgraf von Hessen-
Homburg erklärte, er könne ohne den Zuschuß ·der
Spielbank nicht weiter existiren. Mohl reskribirte, das
sei ihm gleichgültig, und verlangte augenblicklichen Gehorsam. Als dieser verweigert wurde, erbat er sich

vom Kriegsminiſter ein Bataillon und eine Eskadron und ſchickte ſie unter Leitung eines Civilkommiſſärs nach Homburg. Die Bank wurde geſchloſſen. Die Truppen zogen ab und die Spielpächter mußten die beträchtlichen Exekutionskoſten zahlen. «Force resta à la loi.»

5.

Lehrthätigkeit und schriftstellerische Arbeiten in Heidelberg.

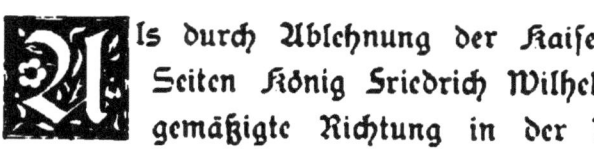

ls durch Ablehnung der Kaiserkrone von Seiten König Friedrich Wilhelms IV. die gemäßigte Richtung in der Nationalver- sammlung den Boden verlor, als die Revolution in Süddeutschland ihr wüstes Treiben begann, legte Mohl am 10. Mai 1849, mit seinem damaligen Gesinnungs- genossen dem Ministerpräsidenten Heinrich von Gagern, sein Amt und Mandat nieder und kehrte, nach Besiegung der Revolution in Baden, im Herbste 1849 nach Heidelberg zurück. Wie glücklich war er vor vielen Andern, denen das aufregende Jahr von Frank- furt nicht nur die schönsten patriotischen Hoffnungen geknickt, sondern auch die bürgerliche Existenz, die körperliche Gesundheit und die geistige Spannkraft gebrochen hatte, daß er jetzt mit ungeschwächter Kraft, an einem der schönsten Punkte Deutschlands, sich wieder ganz der Pflege seiner Wissenschaft widmen konnte. Darum bewarb er sich auch um keine Wahl für das Erfurter Parlament, von dem er sonst Gutes erwartete. Er schrieb mir im Mai 1850: „Hätten es meine akade= mischen Verhältnisse möglich gemacht, so würde mir eine Wahl nach Erfurt sehr erwünscht gewesen sein, und dann hätte ich auch die Mittel ergriffen, welche dazu geführt haben würden. Allein so ließ ich es passiv kommen, wie es wollte, in der denn auch eingetretenen Hoffnung, daß ich nicht veranlaßt werden würde, der Konsequenz und der Parteistellung ein schweres Opfer zu bringen. Ich konnte mir darüber keine Illusion machen, daß mich eine abermalige Unterbrechung dem Katheder für immer entfremden würde und das wollte und konnte ich nicht. Ich habe übrigens alle Hoffnung, daß dort etwas Verständiges zu Stande kommen wird. Mag sein, daß dies nicht hinreicht, um Süddeutschland zu enthusiasmiren, allein umgekehrt würde Norddeutschland nicht wollen, und da ist eigent= lich die Kraft und Intelligenz."

Wiederum lag auf ein Jahrzehnt der Schwer= punkt seiner Wirksamkeit in seiner akademischen und schriftstellerischen Thätigkeit, welche nur durch seine

in vielen Fällen sehr erfolgreiche Betheiligung an den
Sitzungen und Arbeiten der ersten badischen Kammer
unterbrochen wurde. Es waren damals glänzende
Tage für Heidelberg, wo Dangerow Hunderte von
Jünglingen in seinen Pandektenvorlesungen versammelte
und Häußer mit seinem zündenden Vortrage und
seinem patriotischen Feuereifer die Herzen der Jugend
mit sich fortriß. Zwar konnte Mohl sich mit Dangerow und Häußer nie an Redegabe messen. Seine
Vorträge über Encyklopädie der Staatswissenschaften,
allgemeines Staatsrecht, deutsches Staatsrecht und
Polizeiwissenschaft trugen die Spuren der Mühe gleich-
zeitig vollzogener Gedankenarbeit an sich. Es beherrschte sie, im Gegensatze zum Schmucke der Rede,
jener verstandesklare Ton, welcher überhaupt ein
Grundzug seines Wesens war. Waren daher Mohls
Vorlesungen auch niemals eigentliche Zugkollegien für
die große Masse, so hatten sie doch einen bleibenden
Einfluß auf geistig gereiftere Studirende, welche vor
ernster Gedankenarbeit nicht zurückscheuten.

Zugleich war diese Epoche seines Heidelberger
Lebens außerordentlich fruchtbar in literarischer Beziehung. Wir heben hier hervor: „Die Geschichte
und Literatur der Staatswissenschaften" (Er-
langen 1855—58) in drei starken Bänden, die „Encyklopädie der Staatswissenschaften" in einem

Bande (1. Aufl. 1859, 2. Aufl. 1872) und die unter dem Namen „Völkerrecht, Staatsrecht und Politik" gesammelten Aufsätze, ebenfalls in drei starken Bänden (Bd. I. Tübingen 1860, Bd. II. 1862, Bd. III. 1869). Wir tragen kein Bedenken, das erstgenannte Buch für die bedeutendste Lebensarbeit Mohls, ja für ein in seiner Art einziges Werk in der Literatur aller Völker und Zeiten zu bezeichnen. Allerdings gibt uns Mohl hier nicht eine Geschichte der Staatswissenschaften in einheitlicher, organischer Entwickelung. Es wäre dies ein Unternehmen gewesen, welches nicht nur Mohls Leistungsfähigkeit, sondern, beim Mangel aller Vorarbeiten, menschliche Kräfte überhaupt überstiegen haben würde. Mohl beschränkte sich vielmehr auf eine große Anzahl von Monographieen über einzelne Wissenszweige und Gegenstände, welche äußerlich lose zusammengereiht, doch eines gewissen inneren Zusammenhanges nicht entbehren und so fast alle Zweige der Staatswissenschaft umfassen. Wir heben als besonders interessant und werthvoll folgende Monographieen hervor: „Geschichte und Literatur des allgemeinen konstitutionellen Staatsrechts" (Bd. I. S. 267—334), „Die neuere Literatur des Völkerrechts" (Bd. I. S. 337—403), „Die Literatur des schweizerischen Staatsrechts" (Bd. I. S. 473—506), „Das Staatsrecht der Vereinigten Staaten von Nord-

amerika" (Bd. I. S. 509—593), „Die Literatur des
englischen Staatsrechts" (Bd. II. S. 4—103), „Das
positive deutsche Staatsrecht seit der Gründung des
Deutschen Bundes" (Bd. II. S. 237—249), „Zwölf
deutsche Staatsgelehrte" (Bd. II. S. 397—593), „Die
Literatur des französischen Staatsrechts" (Bd. III.
S. 4—290). Staunenswerth ist die einzig dastehende
Bücherkunde des Verfassers. Freilich hätte keine
deutsche Bibliothek, auch nicht die beste, die von Mohl
so viel benützte der Georgia Augusta, hingereicht,
um die Bausteine zu einem solchen Riesenwerke zu
liefern, wie dies Buch es ist. Nur die ausgebreiteten
kosmopolitischen Beziehungen des Verfassers machten
es ihm möglich, die englische, französische und ameri-
kanische Literatur so zu benutzen, wie es vor ihm
keinem Sterblichen gelungen war. Entging ihm doch
ebensowenig, was in Kiew und Charkow, wie in St.
Jago de Chile oder in Sidney erschienen war. Aber
nicht blos die fast unglaubliche Belesenheit ist das
Staunenswerthe an diesem Riesendenkmal deutschen
Gelehrtenfleißes. Wir werden hier keineswegs mit
Bücherkatalogen und Nomenklaturen abgespeist, sondern durch gedankenreiche Einleitungen in die Entwickelung jeder einzelnen Wissenschaft eingeführt. Jeder
Wissenszweig wird in engsten Zusammenhang mit
den staatlichen und gesellschaftlichen Zuständen der be-

treffenden Völker, mit den herrschenden Strömungen des Zeitalters gebracht, deren Verständniß für so eminent praktische Wissenszweige, wie die verschiedenen Disciplinen der Staatswissenschaften es sind, unentbehrlich ist. Dabei ist die Darstellung, trotz der unüberwindlichen Trockenheit so manchen Stoffes, durchweg klar und ansprechend. In diesem Werke kommt diejenige Eigenschaft Mohls, welche wir neben seiner Gelehrsamkeit am höchsten stellen, sein kritischer Geist, zur vollen Entfaltung, mit welchem das positiv gestaltende Element, die eigentliche wissenschaftliche Zeugungskraft bei ihm keineswegs gleichen Schritt hält. Darum können wir das zweite Hauptwerk der Heidelberger Periode, „Die Encyklopädie der Staatswissenschaften", dem ersten nicht gleichstellen. Bei einer wahrhaft wissenschaftlichen Encyklopädie kommt es nicht auf die Fülle des Stoffes, die Masse des Wissens an, welche dem Verfasser zu Gebote steht, sondern auf die Tiefe seiner Gesammtauffassung, auf die Beherrschung des einheitlichen Gesichtspunktes, auf die Schärfe der Grundbegriffe. Eine Encyklopädie, welche „nicht das schaale caput mortuum, sondern die lebendige Quintessenz einer Wissenschaft sein will", kann nur ein philosophisch angelegter Kopf schreiben, welcher seine spezielle Wissenschaft mit dem Gesammtorganismus aller Wissenschaften, ja mit

4*

den oberſten Geſetzen und Zielen des Menſchenlebens
überhaupt in Verbindung zu ſetzen weiß. Gerade
weil dieſe Eigenſchaft bei Mohl nicht hinreichend vorhanden war, zeigt dies Buch in der Methode wie in
den Grundbegriffen bedeutende Mängel. So iſt die
durchgehende Eintheilung der Staatswiſſenſchaften in
hiſtoriſche und philoſophiſche Disciplinen entſchieden
verfehlt. Allerdings hat alles Recht auch ſeine philoſophiſche Seite, indem es in einer Idee der menſchlichen
Vernunft Urſprung und Maß hat, aber zur konkreten
Geſtaltung gelangt es nur in der geſchichtlichen Entwickelung beſtimmter Zeiten und einzelner Völker.
Eine rein philoſophiſche Behandlung des Rechtes,
wenn eine ſolche überhaupt durchführbar wäre, eine
lediglich aprioriſtiſche Konſtruktion würde ein weſen-
loſes Abſtraktum ergeben; eine geſchichtliche Behandlung des Rechtes, welche durch keine philoſophiſchen
Grundgedanken geleitet und vertieft wäre, würde zu
einem Antiquitätenkram ohne wiſſenſchaftlichen Werth
herabſinken. Nachdem der alte Gegenſatz einer hiſtori-
ſchen und philoſophiſchen Schule in der Rechtswiſſenſchaft glücklich überwunden iſt, erſcheint der von Mohl
durch alle Disciplinen der Staatswiſſenſchaften durch-
geführte Dualismus als ein Anachronismus, welcher
dem Standpunkt der heutigen Wiſſenſchaft nicht mehr
entſpricht. Mohl iſt auch hier nicht im Stande ge-

wesen, den Standpunkt des alten abstrakten Natur-
rechts ganz zu überwinden und sich zu einer einheitlichen geschichtsphilosophischen Auffassung von Staat
und Recht zu erheben, welche in jeder geschichtlichen
Erscheinungsform nur den zeitlich und volksthümlich
bestimmten Ausdruck ewiger Vernunftgesetze erkennt.
Ebensowenig kann es gebilligt werden, daß Mohl
neben Staatsrecht und Politik, als dritten ebenbürtigen
Zweig, die Staatsfittenlehre' stellt. Staatsrecht
und Politik sind Staatswissenschaften, weil ihr spezi-
fischer Gegenstand der Staat, als solcher, ist, welchen
sie von verschiedenem Standpunkte aus behandeln.
Eine besondere Sittenlehre für den Staat gibt es nicht.
Nicht etwa, als ob die Ethik für die Staatslehre nicht
vorhanden wäre. Alles Recht wurzelt vielmehr in
sittlichen Ideen und eine Politik, welche sich von den
ewig geltenden Geboten des Sittengesetzes losreißen
würde, wäre eben so verderblich im Leben, als ver-
werflich in der Wissenschaft. Aber gerade deshalb
ist eine besondere Disciplin der Staatsfittenlehre un-
haltbar, weil sie nichts anderes sein kann, als die
Anwendung der allgemein menschlichen Sittenlehre auf
staatliche Verhältnisse, und weil die Disciplinen des allgemeinen Staatsrechts und der Politik selbst von sittlichen Ideen durchdrungen sein müssen, wenn sie wahrhaft wissenschaftlich erfaßt werden sollen.

Ein anderer eigenthümlicher, von Mohl nicht nur
in der Encyklopädie, sondern auch anderwärts mit
besonderer Vorliebe durchgeführter Gedanke ist die
Aufstellung eines besonderen Gesellschaftsrechtes,
welches zwischen öffentlichem und privatem Rechte in
der Mitte stehen soll. Gewiß ist es ein großer Fortschritt der neueren Wissenschaft, daß man sich nicht
mehr blos auf die Darstellung der Verfassungsformen
und Einrichtungen der Staaten beschränkt. Die lediglich juristische, staatsrechtliche Behandlung des Staates
ist zwar eine wichtige Aufgabe der Staatswissenschaft,
aber sie ist keineswegs die einzige Betrachtungsweise
des Staates, ja sie bleibt mit Nothwendigkeit immer.
eine einseitige. Es ist im hohen Grade fruchtbringend,
daß man den Einfluß, welchen die verschiedenen, im
Staate vorhandenen Gesellschaftsgruppen auf die Entwickelung des Staates ausüben, wissenschaftlich betrachtet, daß man untersucht, wie die wirthschaft-
lichen Verhältnisse des Grundeigenthums, des beweg-
lichen Vermögens, des Gewerbes, des Handelsverkehrs,
aber auch die sittlichen Verhältnisse des Familienlebens,
die religiösen und kirchlichen Zustände auf das Staatsleben influenziren, kurz, daß man zusieht, wie der
Staat auf die Gesellschaft und die Gesellschaft auf den
Staat einwirkt. Aber damit ist die Annahme eines
besonderen Gesellschaftsrechtes nicht gerechtfertigt. Wenn

man unter Gesellschaft den Komplex der großen
Gruppen des Volkes versteht, welche durch gemein-
same wirthschaftliche Interessen und geistige Richtungen
zusammengehalten werden, so sehen wir dieselben in
mannigfachen Sonderbestrebungen auseinander gehen
und sich bekämpfen. Jede gesellschaftliche Gruppe ist
ihrem Wesen nach egoistisch und ringt nach Geltendmach-
ung ihrer Vortheile und Sonderinteressen, nach ausschließ-
licher Macht im Staate. Recht zu erzeugen, wodurch ihr
Verhältniß zu anderen Gruppen gerecht geordnet
würde, ist sie nie im Stande. Dies kann nur der
Staat, welcher als das zur einheitlichen Persönlichkeit
zusammengefaßte Volk, im Namen der Gerechtigkeit,
die verschiedenen Gesellschaftsgruppen unter sein Recht
zwingt und sie nöthigt, andern, ihnen gegenüber-
stehenden Kreisen Gerechtigkeit widerfahren zu lassen.
Die Gesellschaft, ohne Staat gedacht, wäre eben jenes
von Hobbes geschilderte «bellum omnium contra
omnes». Der Staat aber selbst ist die rechtlich organi-
sirte Gesellschaft. Der Staat weist der einen Genossen-
schaft ihre Stellung wesentlich im Privatrechte an,
wie z. B. den auf Erwerb gerichteten Gesellschaften,
den andern, wie den Gemeinden, räumt er zugleich
die Bedeutung von Korporationen des öffentlichen
Rechtes ein. Aber die Vorstellung, daß es ein Gesell-
schaftsrecht gäbe, welches weder öffentliches, noch

privates Recht, sondern ein zwischen beiden liegendes
drittes sei, welches nicht im Staate, sondern in der
Gesellschaft seinen Ursprung habe, ist durchaus unhalt-
bar. Heinrich von Treitschke hat das Verdienst, in
einer Erstlingsschrift, über „die Gesellschaftswissen-
schaft" (1859), diesen Grundirrthum des Altmeisters
der Staatswissenschaften siegreich widerlegt zu haben,
wobei ihm nicht nur sein kritischer Scharfsinn, sondern
auch seine durch das Studium der Geschichte vertiefte
Auffassung des Staates zu statten kam. Eben so entschieden ist auch Bluntschli in einem werthvollen Aufsatze („Kritische Ueberschau" Bd. III. S. ff.) diesem Grund-
irrthume Mohls entgegengetreten. Trotz dieser unleug-
baren principiellen Schwächen der Mohl'schen Encyklo-
pädie-verkennen wir die Verdienste auch dieses Buches
nicht. Der Inhalt, welcher in die Formen dieses Systems
gegossen ist, ist ein reicher und werthvoller. Wo es sich um
die Behandlung einzelner staatlicher Institutionen, um
die Erörterung konkreter Fragen handelt, begegnet uns
überall die klare Auffassung und die lichtvolle Darstellung, die allen Mohl'schen Schriften eigenthümlich ist.

Das dritte große Werk der Heidelberger Periode:
„Staatsrecht, Völkerrecht, Politik", ist eine
Sammlung von Monographieen und besteht zum
großen Theil aus bereits schon früher gedruckten, umge-
arbeiteten Aufsätzen (S. 31). In diesen drei umfangreichen

Bänden sind fast alle brennenden Fragen der Gegenwart, aber auch manche von der Heerstraße abgelege-
neren Gebiete, in umsichtiger, eingehender Weise behandelt, mit der Objektivität des gereiften Mannes,
welchem nicht nur in seiner umfassenden Literaturkenntniß die politische Erbweisheit aller Völker und
Zeiten, sondern eigene, reiche Lebenserfahrung zur
Seite steht. Wir nennen aus der Fülle dieser Aufsätze
etwa folgende als besonders interessant: die Benutzung
der ständischen Verhandlungen zur Auslegung von
Gesetzen; die ständischen Rechte in Bezug auf Reichs-
verwesung; die Geschäftsordnungen der Ständever-
sammlungen; konstitutionelle Erfahrungen; das Re-
präsentativsystem, seine Mängel und Heilmittel; die
Lehre vom völkerrechtlichen Asyle; die völkerrechts-
widrigen Kriegsmittel; die persönlichen Verhältnisse
der Fürsten; das Ordenswesen unserer Zeit; die Er-
ziehungspolitik; das Verhältniß der Schule zur Kirche;
die Universitäten; das Prüfungswesen im Verhältniß
zur Bildung u. s. w. Man kann wohl sagen, daß
in diesen Aufsätzen kaum eine wichtige Frage der Ge-
setzgebungspolitik übergangen ist, und besonders werden
Mitglieder gesetzgebender Versammlungen auch heut
zu Tage hier eine reiche Fundgrube der Belehrung
finden, wenn auch hie und da der Standpunkt des
Verfassers etwas veraltet erscheint, bisweilen auch

durch die in dem kleinstaatlichen Leben gewonnenen
Anschauungen zu sehr beeinflußt wird.

Außer den oben hervorgehobenen Vorzügen dieses
Buches tritt uns noch eine Eigenschaft des Verfassers
in diesen Aufsätzen imponirend entgegen, das ist die
volle Unabhängigkeit der eigenen Meinung und ihre
offene Aussprache. Nach oben hin hatte Mohl dies
stets bewährt, aber in unserer Zeit gehört oft mehr
Muth dazu, einem Lieblingsdogma des alltäglichen
Liberalismus entgegenzutreten, als gekrönten Häuptern
eine unangenehme Wahrheit zu sagen. Auch das
„wider den Strom" hat dieser redliche Mann nie,
gescheut, wo es ihm die Pflicht zu gebieten schien,
ein offenes Wort zu sprechen, selbst auf die Gefahr
hin, daß „der liberale Durchschnittsphilister" an seiner
„korrekten Gesinnung" irre werden könnte. So hat
er zum Schlusse des dritten Bandes in einem eigenen
Aufsatze: „Uebereiltes, Unbedachtes und Unfertiges in
der Tagespresse", gegen das vom Cäsarismus, wie
von der Demokratie so hoch gepriesene allgemeine
und gleiche Stimmrecht, sowie gegen die Abschaffung
der Todesstrafe plaidirt, auch auf die Gefahren hin-
gewiesen, welche von einem Ueberwuchern jüdischer
Elemente unserem deutschen Volksleben drohen, wofür
er freilich auch von den „Beduinen der Presse" mit
dem üblichen Schmutze reichlich beworfen wurde.

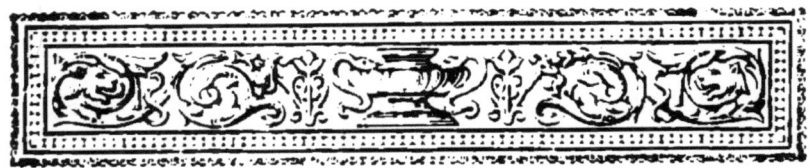

6.

Mohl als Staatsmann und Diplomat.

Mitten in dieser umfassenden literarischen und
akademischen Thätigkeit wurde Mohl auch
in das Gebiet der praktischen Politik seines
neuen Heimathsstaates gezogen. Von 1857 gehörte er als
Vertreter der Universität Heidelberg der Ersten Kammer
des badischen Landtages an und erstattete u. A., nachdem das Konkordat nicht ohne seine Mitwirkung
gefallen war, einen ebenso umfassenden, als gründ-
lichen Bericht über den vom Ministerium Stabel-
Lamey vorgelegten Gesetzentwurf, welcher das Verhältniß der Kirche zum Staate zu regeln bestimmt
war. Vom Jahre 1863—1872 war Mohl Mitglied
der Ersten Kammer in Folge der Berufung durch das
Vertrauen des Großherzogs; seit 1860 bekleidete er in
derselben das Amt des zweiten Präsidenten. Obgleich

Mohl nie gefliffentlich eine Verbindung mit dem Hofe
gefucht hatte, fo geftaltete fich in diefer Seit, wie von
felbft, fein Verhältniß zu dem Großherzog, diefem
eben fo patriotifchen, als einfichtsvollen Fürften, in
fchönfter Weife. Er wurde der Vertrauensmann feines
fürftlichen Herrn in allen wichtigen Staatsfragen. Als
im Jahre 1860 der Großherzog von Baden dem Freiherrn von Roggenbach das Minifterium des Aus-
wärtigen übertrug und damit wieder, nach den Miß-
erfolgen des Jahres 1848, eine nationale Politik inau-
gurirte, war es einer der erften Schritte diefes hoch-
herzigen Fürften und feines patriotifchen Staatsmannes,
Mohl die Stelle des badifchen Bundestags-Gefandten
anzubieten, welche diefer gern annahm. Eine beffere
Wahl hätte man für die damalige Situation am
Bundestage nicht treffen können, wo man längft kein
freimüthiges Wort mehr für das mißachtete Recht des
deutfchen Volkes vernommen hatte. Nirgends war
dasfelbe aber fo mit Füßen getreten, wie in Kur-
heffen, wo der kaum wiederhergeftellte Bundestag
die feit zwanzig Jahren in voller Wirkfamkeit be-
ftehende Verfaffung mit freventlicher Gewalt zertrüm-
mert hatte. Aber das Volk der Heffen hielt feft am
Rechtsboden und wies jede Oktroyirung zurück. So
klaffte dort, feit zehn Jahren, wie eine offene Wunde,
das gebrochene Landesrecht und fchädigte das Bewußt-

sein der ganzen deutschen Nation. Es war daher der
feste Entschluß Roggenbachs, gleich bei seinem Eintritt
in das badische Ministerium, auf die Wiederherstellung
verfassungsmäßiger Zustände in Kurhessen hinzuwir-
ken. In derselben Sitzung, wo Mohl in die Bundesversammlung eingeführt wurde, stellte er im Namen
der badischen Regierung am 4. Juli 1861 den Antrag:
„die kurhessische Verfassung vom 5. Januar 1831,
sammt den in den Jahren 1848 und 1849 gegebenen
Erläuterungen und Abänderungen und dem Wahlgesetze
von 1849, im Ganzen und namentlich in Bezug auf
die zu berufende Landesvertretung als rechtskräftig
und in Wirksamkeit bestehend zu betrachten". Dieser
Antrag rief natürlich bei dem Kurfürsten, sowie bei
Oesterreich und seinen Anhängern zuerst einen Sturm
der Entrüstung hervor und man beabsichtigte ihn,
nach beliebter Bundestagsmanier, in einen Ausschuß
zu begraben. Mohl rechtfertigte in einer meisterhaften
Denkschrift vom 22. Januar 1862 den Standpunkt
seiner Regierung und legte die Widerrechtlichkeit der
früheren Bundesbeschlüsse, sowie die fortdauernde
Rechtsbeständigkeit der gewaltsam beseitigten hessischen
Verfassung klar und bündig dar. Mehr als die beste
staatsrechtliche Deduktion wirkte freilich der von Berlin
nach Kassel entsendete preußische Feldjäger und das
Eintreten des preußischen Ministeriums für die gerechte

Sache des kurheſſiſchen Volkes. Dennoch war es eine
Genugthuung für die badiſche Regierung und ihren
wackeren Vertreter, daß der badiſche Antrag am
24. Mai 1862 zum Bundesbeſchluſſe erhoben wurde
und bald darauf die Wiederherſtellung der kurheſſiſchen
Verfaſſung erfolgte.

Eine andere bedeutſame Zeit durchlebte Mohl im
Spätſommer 1863, als Oeſterreich Deutſchland mit
ſeinem Reformprojekt überraſchte und alle deutſchen
Fürſten in Perſon nach Frankfurt lud, um die deutſche
Frage durch den glänzenden Theatercoup des Fürſten-
tags auf einmal zu löſen und die Hegemonie Oeſter-
reichs über Deutſchland dauernd zu begründen. Der
Kaiſer von Oeſterreich erſchien mit Leibwachen, glän-
zendem Hofſtaat und dem Cafelſervice der Wiener
Hofburg, faſt ſchon wie zu einer neuen Kaiſerkrönung.
Der König von Preußen blieb in richtiger Erkenntniß
der Machtſtellung ſeines Staates, nach wohlerwogenem
Gutachten des Staatsminiſteriums, trotz wiederholter
Einladungen, dem Fürſtentage fern. Alle anderen
Fürſten erſchienen in Perſon. Eine Verſammlung aus
Königen, Großherzögen, Herzögen und Fürſten, in
welcher der Kaiſer von Oeſterreich präſidirte, tagte in
parlamentariſchen Formen und Deutſchland, ja ganz
Europa ſah ſtaunend auf das glänzende, nie dage-
weſene Schauſpiel eines Parlaments von lauter Sou-

veranen hin. Auch hier war es der Großherzog von Baden, welcher mit klarem Blicke die Gebrechen, ja die Unmöglichkeit des österreichischen Entwurfes erkannte und von vornherein entschlossen war, demselben nicht beizutreten. Der patriotische Fürst opponirte in den Sitzungen des Fürstenraths regelmäßig, nur von wenigen Stimmen unterstützt, und gab seine abweichende Meinung jedesmal schriftlich zu Protokoll. Zu diesem Zwecke mußten zahlreiche Schriftstücke und ausführliche Motive, ja ganze Promemorias in höchster Eile, meist während der Nacht, angefertigt werden, deren Ausarbeitung besonders Mohl's formgewandter Feder zufiel, welcher mit dem Freiherrn von Roggenbach und dem damaligen Ministerialrathe Jolly in diesen äußerlich so glänzenden, innerlich so wenig befriedigenden Tagen seinem fürstlichen Herrn getreulich zur Seite stand.

Konnte Mohl somit die Anfänge seiner diplomatischen Thätigkeit, soweit sie die Wiederherstellung der hessischen Verfassung und die Zurückweisung des österreichischen Reformprojektes, also die beiden wichtigsten Staatsaktionen jener Zeit, betraf, als gelungen betrachten, so waren für ihn die heißen Wochen des Sommers 1866 um so schmerzlicher, wo Baden, durch die Wucht unüberwindlicher Verhältnisse in das österreichische Lager gedrängt wurde. Kaum war dieses

Zwischenspiel des Frankfurter Fürstentags vorüber,
so trat mit dem Tode des letzten Dänenkönigs aus
der älteren oldenburgischen Linie am 15. Nov. 1863,
die seit Jahren unerledigt gebliebene schleswig-holstei-
nische Frage in den Vordergrund der deutschen Politik.
Mohl wurde in diese Angelegenheit unmittelbar hin-
eingezogen, indem er vom Herzog von Augustenburg,
natürlich mit Zustimmung der badischen Regierung,
zum Vertreter seiner Interessen in Frankfurt ernannt
wurde. Man muß sich in die damalige Lage der
Dinge hineindenken, um Mohl's Stellung in dieser
Frage gerecht zu beurtheilen. Die Thronbesteigung
des Herzogs von Augustenburg erschien damals als die
einzige Lösung der schleswig-holsteinischen Frage in
nationalem Sinne; Preußens Pläne und Absichten
waren völlig in Dunkel gehüllt, so daß selbst die
treuesten Anhänger Preußens, durchaus national-
gesinnte Männer, besonders außerhalb Preußens, die
Bismarck'sche Politik, die ihnen in ihren Motiven
unverständlich war, mit Mißtrauen betrachteten. Ein
an mich gerichteter Brief Mohl's, den ich als Beilage
mittheile, ist ein werthvoller Beitrag zur Charakteristik der öffentlichen Meinung, wie sie damals überall
außerhalb Preußens herrschte und deren Einfluß sich
auch ein so nüchterner, klarblickender Staatsmann wie
Mohl nicht entziehen konnte. Bei der entscheidenden

Abstimmung des Bundestags am 14. Juni 1866, welche thatsächlich eine Kriegserklärung gegen Preußen bedeutete, konnte die badische Regierung höchstens einen vermittelnden Antrag stellen. Aber nachdem die Mehrheit die Mobilisirung des Bundesheeres, d. h. den Krieg beschlossen hatte, mußte Baden seine Stellung unter den Gegnern Preußens nehmen und sein braves Heer der kopflosen Bundestagspolitik zur Verfügung stellen. Mohl selbst folgte in trübster Stimmung den traurigen Resten des Bundestags nach Augsburg, wo diese Versammlung in den berühmten „Drei Mohren" ihr ruhmloses Ende fand. Bald nach der Wiederherstellung des Friedens und dem Austritt Badens aus dem Deutschen Bunde wurde Mohl zum badischen Gesandten am königlich bayerischen Hofe ernannt. Er vertrat von nun ab die deutsche Politik seiner Regierung in München mit voller Entschiedenheit; doch faßte er persönlich die Lage der deutschen Verhältnisse ziemlich trübe auf. Als ich damals in der Gründung des Norddeutschen Bundes den größten nationalen Fortschritt begrüßte, schrieb er mir am 16. Juli 1867 von München aus: „Sie werden es natürlich finden, daß wir in Süddeutschland durch die jetzige Lage der Dinge vielfach anders affizirt sind, als man es in Norddeutschland ist. Wir sind durch die Mainlinie sehr übel daran und an eine baldige Aufhebung der-

selben glaube ich wenigstens nicht. Ein solcher Schritt
wäre ein offenbarer casus belli, und da es in der
Natur der Sache liegt, auch hinreichend durch den
Luxemburger Handel bewiesen ist, daß wir keinen
Mann Hilfe von dem Norddeutschen Bunde erwarten
können, während wir sicher von Osten und Westen
zu gleicher Zeit gefaßt werden würden, so kann man
es uns wahrlich nicht verargen, wenn wir eben nicht
mit Enthusiasmus die Lage der Dinge betrachten.
Das ist ja eben das Verzweifelte unserer Lage, daß
wir so nicht bleiben können, wie wir sind, und doch
kein Mittel vorhanden ist, herauszukommen. Ich bringe
dabei die partikularistischen Anschauungen und die
instinktiven süddeutschen Abneigungen gar nicht in
Betracht, obgleich dieselben ganz unzweifelhaft vorhanden sind und auch einen politischen Faktor bilden,
mit welchem gerechnet werden muß. Ich lebe der
Ueberzeugung, daß die Frage von der deutschen Einheit noch weit entfernt von ihrer definitiven und
glücklichen Lösung ist, und ich fürchte, daß die Lösung
nicht in der Weise erfolgen wird, wie sie jetzt als
selbstverständlich angenommen wird. Ich wünsche,
daß ich mich hierin irre, aber bloße konventionelle
Phrasen auf der Tribüne oder in den Zeitungen werden die Sache nicht entscheiden. Nicht aus Trotz oder
Vergnügen sehe ich schwarz, sondern nur weil mir

eben die Dinge schwarz vorkommen. Zu wissenschaftlichen Arbeiten bin ich noch nicht gekommen, nicht
weil es mir an Zeit dazu fehlte, allein ich habe die
Stimmung noch nicht dazu gefunden und begnüge
mich, manches in meiner Lektüre nachzuholen, was ich
in den letzten Jahren versäumen mußte. Im Uebrigen
bin ich sehr gern hier, weit lieber als in Frankfurt.
Die Atmosphäre von München ist, trotz Bier und
Ultramontanismus, eine viel geistigere als dort."

Hochgeehrt in seiner Stellung, in freier Muße,
in nächster Beziehung zu jenem auserwählten Kreise
hervorragender Männer der Universität, der Akademie,
der Kunstwelt, welche der hochsinnige König Maxi-
milian II. in Bayerns Hauptstadt versammelt hatte,
an der für ihn so unentbehrlichen Quelle einer aus-
gezeichneten Bibliothek sitzend, verlebte Mohl in München fünf glückliche Jahre.   Werthvoll war ihm auch
seine Beziehung zu dem ebenso umsichtigen als patriotischen Staatsmann an der Spitze des bayerischen
Ministeriums, dem Fürsten Chlodwig von Hohen-
lohe-Schillingsfürst, mit welchem ihn gleiche Auffassung der nationalen und kirchlichen Fragen eng
verband.   Ueber dessen Kirchenpolitik sprach er sich
in einem spätern Briefe an mich folgendermaßen aus:
„Wie gut wäre es gewesen, wenn man sich von Hohen-
lohe zu Präventivschritten (gegen die Beschlüsse des

vatikanischen Konzils) hätte bringen lassen. Er war
auf das Genaueste unterrichtet, was da kommen werde.
Allein da stand bei dem Einen übler Wille und eigene
katholische Dummheit, bei dem Andern Hochmuth
gegenüber dem kleinern Staate, beim Dritten die Un-
kenntniß der katholischen Dinge im Wege. Das letztere
war auch bei Bismarck der Fall, er hat nachträglich
erst lernen müssen, daß es damit nicht gethan ist,
wenn man sagt: man wolle mit dem Pfaffengezänke
nichts zu thun haben. Meiner Meinung nach ist es
absolut nöthig und dringend, den Entschluß zu fassen,
die Jesuiten kurzer Hand aus Deutschland zu jagen.
Die Schweizer sind da die rechten Leute; freilich sind
ganze Versammlungen und demokratische Beschlüsse
schwerer anzugreifen als ein Einzelner, auf den man
alles Gift konzentrirt. Auf die altkatholische Bewegung habe ich keinen Augenblick etwas gehalten.
So etwas will im Sturme geschaffen sein oder ver-
läuft im Sande. Woher soll denn die allgemeine
Volksbegeisterung kommen? Wegen eines Dogmas, das
um kein Haar breit dümmer und infamer ist als
zehn andere. Es sind höchstens die liberalen Philister,
welche nicht daran wollen; allein, dies ist meine Lebenserfahrung, mit diesen ist gar nichts anzufangen, sobald
es über das Räsonniren am Wirthstische und höchstens
über eine Wahl hinausgeht. Wir Protestanten müssen

es machen, und zwar scharf. Gefahr ist dabei, aber kleinere als bei Stillsitzen oder halben Maßregeln."

Die trüben Anschauungen, welche Mohl noch im Jahre 1867 von Deutschlands Zukunft gehegt hatte, wurden widerlegt durch das große Jahr 1870. Nun waren alle Nebel für ihn zerstreut. Nun durfte auch er sich wieder ganz als Deutscher, als Mitbürger des wiedergeborenen Deutschen Reiches fühlen. Das Herz des Greises schlug mit der Wärme des Jünglings für Kaiser und Reich; sein Verstand aber beugte sich bewundernd vor der überlegenen Staatskunst des genialen Mannes, an dessen Politik er früher so Manches auszusetzen gefunden hatte. Sein ganzer Haß wendete sich jetzt gegen das undeutsche Treiben der Ultramontanen und Partikularisten in Bayern. Es handelte sich im Januar 1871 um die Annahme der deutschen Reichsverfassung durch die bayerische Abgeordneten-kammer mit der verfassungsmäßigen Mehrheit von Zweidrittel Stimmen. Er schrieb mir am 3. Januar 1871: „Ja wohl, es war ein merkwürdiges Jahr, welches miterlebt zu haben der Mühe werth war. Eine Zeit lang traute man seinen Ohren und Augen nicht und bald wurde man so verwöhnt, daß man ungeduldig und fast ärgerlich war, wenn nicht wenigstens alle paar Tage die Nachricht von einem ganz erstaunlichen Siege kam. Jetzt ist es freilich nicht

mehr so glänzend, und ich fürchte sogar, wir werden
noch große Opfer bis zum Frieden zu bringen haben.
— — Daß der Eintritt Badens in den Deutschen Bund
oder jetzt das Reich das Aufhören der Gesandtschaften
meines kleinen Landes zur Folge haben würde, war
natürlich keinen Augenblick zweifelhaft. So bin ich
denn nicht frappirt darüber, daß die Voraussicht zur
Wahrheit geworden ist. Wann ich von hier werde
abberufen werden, weiß ich nicht; jedenfalls im Laufe
dieses Jahres. Daß es mir angenehm ist, kann ich
nicht sagen, aber es ist nicht zu ändern. Ueber meine
künftige Bestimmung ist noch nichts Bestimmtes fest-
gesetzt; wahrscheinlich wird man mir eine anständige
Sinecure im innern Dienste geben. Wäre ich jünger,
so würde ich geradezu die Stelle im Bundesrathe verlangen und wohl auch erhalten; so aber bin ich, wie
man in Schwaben sagt, „das Fuhrlohn nicht mehr
werth" und es wäre mir auch ein Umzug nur für
wenige Jahre — länger wäre ich ja nicht diensttaug-
lich an einer solchen Stelle — nicht der Mühe werth.
Was immer daraus wird, zu beschäftigen werde ich
mich schon wissen. Wie die Dinge hier verlaufen
werden in Betracht der Anerkennung der Versailler
Verträge, ist, wenige Tage vor der Diskussion, noch
nicht zu sagen. Es wird sich um einige Stimmen
handeln. Es wäre ein großes Unglück und ein un-

ermeßlicher Skandal, wenn diese Heerde von Pfaffen
und Bauern die Annahme verhindern könnte. Und
wie wäre der König kompromittirt! Allein hier zu
Lande ist vieles möglich, was man anderwärts nicht
begreifen kann. Man muß in dem Lande länger
gelebt haben und Personen und Verhältnisse kennen,
um einen richtigen Begriff von dieser Mischung von
unbegreiflicher Unwissenheit, Bauernpfiffigkeit und
Hochmuth zu erhalten. Der letzte Grund von Allem
ist die Korruption durch die Jesuitenerziehung; aber
der Stamm ist auch an sich schon ein unglücklich be-
gabter, keineswegs ein unbegabter. Doch hoffen wir
immer noch, daß der Unsinn und die Infamie nicht
siegen werden. Freilich ist bei einer Kammer, in welcher
24 Dorfpfarrer sitzen, dirigirt von einem Jesuiten en
robe courte — Jörg — geradezu alles möglich. Nun
qui vivra, verra. Was ich thäte, weiß ich wohl oder
vielmehr, was ich gethan hätte, auf die erste Nachricht von dem Berichte Jörgs und der Zustimmung
des Ausschusses mit 12 gegen 3 Stimmen. Ich hätte
einfach ratifizirt, die Kammer aufgelöst und in einer
Proklamation erklärt: die Regierung, die Erste Kammer, die absolute Majorität der Zweiten sei dafür,
die Maßregel absolut nothwendig, das Ministerium
übernehme die Verantwortung vor der nächsten Kammer. Dies ist inkonstitutionell allerdings, allein soll

man durch eine bloße und noch dazu einfältige Form,
die Zweidrittel Majorität, den Staat zu Grunde richten
lassen? Wozu sind Staatsstreiche, wenn man sie in
solchen Fällen nicht braucht? Doch ich setze meinen
Ruf auf das Spiel in meinem hohen Alter und will
schweigen, da ich es doch nicht machen kann, sondern
nur sagen, daß mein Respekt vor diesen konstitutionellen Einrichtungen, nach fünfzigjähriger Lehre und
Uebung, ein sehr geringer geworden ist." Glücklicher
Weise war ein solcher äußerster Schritt nicht nöthig,
indem die Zweite Kammer nach zehntägigen Debatten,
am 21. Januar 1871, in letzter Stunde die Versailler
Verträge noch annahm, freilich nur mit sehr wenigen
Stimmen über die nothwendige Majorität von Zweidrittel Stimmen.

7.

Jubiläum und Lebensabend.

Einen schönen Abschluß fand Mohls Münchener
Aufenthalt in seinem fünfzigjährigen Doktor-
jubiläum am 27. August 1871, welches ihm
ebenso reiche, als wohlverdiente Zeichen der Anerkennung aus allen Theilen Deutschlands und dem Aus-
lande brachte. Sein Landesherr, welcher ihn schon
vor mehreren Jahren durch die Ernennung zum Geheimen Rathe I. Kl. mit dem Prädikat „Excellenz"
ausgezeichnet hatte, ertheilte ihm, um auch seiner Familie eine bleibende Erinnerung an diesen Tag zu ge-
währen[1]), den erblichen Adel unter der ehrendsten
Hervorhebung seiner Verdienste um die Wissenschaft

---

[1]) Den persönlichen Adel hatte Mohl mit dem Orden der
württembergischen Krone erhalten, welchen König Wilhelm I. von
Württemberg dem noch jungen Gelehrten verliehen hatte.

und das badische Land insbesondere; die Monarchen
von Oesterreich und Preußen verliehen ihm die Groß-
kreuze ihrer Orden, fast sämmtliche deutsche Universitäten ehrten ihn durch Festschriften und Adressen.
Schon vorher hatte ihn die Stadt Heidelberg zu ihrem
Ehrenbürger ernannt. Aber auch hier spricht sich die
den ganzen Mann so tief durchdringende Bescheiden-
heit in rührender Weise aus. Wenige Tage nach dem
Jubiläum schrieb er mir, in Beantwortung einer von
mir verfaßten Adresse der juristischen Fakultät zu
Breslau: „Ich bin weit über alle Gebühr, lassen Sie
mich sagen, über Vernunft, mit Ehrenbezeugungen
überhäuft worden. Im Innern sieht es bei mir —
seien Sie davon überzeugt — ganz anders bei der
Selbstprüfung aus, was ich denn mit einem halben
Jahrhundert angefangen habe: «Domine, non dignus
sum», ist die Antwort.“

Am 1. Oktober 1871 hörte die badische Gesandt-
schaft in München auf, und Mohl trat seine Stelle
als Präsident der Oberrechnungskammer zu Karlsruhe
an. Hier vermißte er Anfangs die geistige Atmosphäre
des Münchener Kreises gar sehr, vor Allem aber auch
die reichen literarischen Hilfsmittel dieser Stadt. Auch
die Thätigkeit in der Ersten badischen Kammer befrie-
digte ihn nicht mehr: „In einem so großen Staate“,
schrieb er, „wie in Preußen, ist es auch jetzt noch der

Mühe werth, seine Zeit, seine Laune und sein Geld
den Verhandlungen der Landesverfammlung zu widmen; anders ist dies in unsern füddeutschen Klein-
staaten. Hier sind jetzt die Verfammlungen gar zu
unbedeutend geworden, und man wird bald Mühe
haben, brauchbare Leute für dieselben zu finden." Um
so lieber nahm Mohl eine Wahl in den deutschen
Reichstag für den Wahlkreis Donaueschingen an.
Wenn ihm auch sein Alter ein thätiges Eingreifen in
die Debatten des Plenums nicht mehr gestattete, so
nahm der geistesfrische Greis doch noch an den Kom-
missionsarbeiten regen Antheil und seine Erfahrungen
kamen dem Reichstage mannigfach zu Statten. Noch
in der letzten Zeit war er Abtheilungsreferent über
eine oberschlesische Reichstags-Wahl, „wo es bekannt-
lich stets etwas polnisch herzugehen pflegt". Seine
dabei gemachten Erfahrungen gaben ihm Anlaß zu
einer kleinen Schrift „über Wahlen und Wahlprü-
fungen" überhaupt. Sein letztes bedeutendes Werk
ist sein „Reichsstaatsrecht. 1873". Er bezeichnet dies
Buch selbst als „rechtliche und politische Erörterungen".
Von diesem Standpunkte aus müssen wir es betrachten, wenn wir demselben gerecht werden wollen. Mohl
beabsichtigt keineswegs ein System des deutschen Reichs-
Staatsrechtes zu geben; auch stellt er sich keineswegs
blos auf den Standpunkt des Juristen, sondern ebenso

und vorzugsweise auf den des Staatsmannes und des
politischen Kritikers. Wir verkennen keineswegs die
Wichtigkeit einer streng durchgeführten juristischen Methode auf dem Gebiete des Staatsrechtes und sind
selbst anderwärts nach Kräften dafür eingetreten*).
Auch auf dem Gebiete des Staatsrechtes dürfen nicht
blos Thatsachen referirt und lose zusammengereiht
werden, sondern auch hier müssen die einzelnen Sätze
zu Rechtsinstituten verarbeitet, dieselben juristisch kon-
struirt und schließlich zu einem organischen System
verbunden werden. Zu einer solchen rein juristischen
Behandlung war für das damals noch so unfertige
Staatsrecht des neuen Deutschen Reichs die Zeit noch
nicht gekommen. Jedenfalls hatte Mohl weder die

---

*) Vergl. meinen Aufsatz über Prinzip, Methode und System
des deutschen Staatsrechts in Aegidis Zeitschrift für deutsches
Staatsrecht. Bd. I, S. 417—452. Wie Mohl selbst über die Behandlung des Reichsstaatsrechts dachte, zeigen folgende an mich
gerichtete Zeilen vom 21. Sebr. 1872: „Geben Sie ja den Versuch
nicht auf, ein deutsches Reichsstaatsrecht zu schreiben und schieben
Sie es nicht zu lange auf. Unzweifelhaft ist hier alles noch in
den Anfängen, allein einmal ist es viel leichter das Material zu
beschaffen, ehe es sich gar zu sehr anhäuft; sodann thut es schon
jetzt sehr noth, richtige Grundsätze über Kardinalpunkte festzustellen.
Der unglückliche Scharfsinn unserer Juristen, dem so oft jeder
politische Gedanke fehlt, fängt schon jetzt an ins Kraut zu schießen.
Es hat mich schon oft in den Singern gejuckt, allein ich bin zu
alt zu systematischen Arbeiten und es fehlt mir hier in Karlsruhe allzusehr an Quellen und Hülfsmitteln."

Absicht, noch die eigentlich juristische Begabung, die
Aufgabe in diesem Sinne zu lösen. Dennoch dürfen
wir auch den wissenschaftlichen Schwanengesang desselben nicht unterschätzen. Sehen wir in dem Buche
nichts, als was der Verfasser zu geben beabsichtigt,
nämlich politische und staatsrechtliche Erörterungen
über die Verfassung des neuen Deutschen Reiches, so
werden wir auch diesem Werke viele Vorzüge zugestehen müssen. Vor Allem hochzuschätzen ist der
freie, durch Schulmeinungen unbeirrte Blick, womit
er die unregelmäßigen Formen dieses originellen Staats-
baues betrachtet. Auch hier gilt ihm das praktisch
Erreichbare, das den Zeitverhältnissen Entsprechende
mehr, als die theoretische Konsequenz und die stilgerechte
Durchführung des Baues. Mag man an dem Buche
hie und da eine dem Alter eigenthümliche Breite tadeln;
wer es mit Aufmerksamkeit liest, wird darin eine
Fülle treffender Bemerkungen und eine ebenso schla-
gende, als objektive Kritik der bestehenden Institutionen
finden, womit der Verfasser Licht- und Schattenseiten
abzuwägen versteht. Vor Allem wohlthuend ist aber
das jugendliche Feuer, womit er das Wiedererstehen
des Deutschen Reiches, die Erfüllung seiner heißesten
patriotischen Wünsche, begrüßt. Allen Bemängelungen
und Aussetzungen gegenüber, welche dieser neue Staats-
bau bald von Seiten engherziger Partikularisten, bald

von Seiten ungeduldiger Unitarier zu erfahren hat, kommt Mohl schließlich zu dem nach unserer Ansicht allein richtigen Resultate, daß Deutschland, so lange es in der Geschichte bestanden hat, niemals so gesunde, allen realen Begebenheiten so entsprechende staatsrecht= liche Zustände besessen hat, wie heutzutage, und daß es keines Abbruches, sondern nur einer folgerichtigen Weiterentwickelung des Bestehenden bedarf, um die höchsten politischen Ziele zu erreichen.

Niemals hat ein bedeutender Mann, von starkem Selbstbewußtsein, doch zugleich bescheidener über die seinen wissenschaftlichen Leistungen gesteckten Grenzen gedacht, als Robert von Mohl. In einem Briefe vom 28. April 1865 legte er gegen mich folgendes merk= würdige Selbstbekenntniß ab: „Ich habe in meinem Leben viel gearbeitet, obgleich ich auch in dieser Be= ziehung in meinen besten Jahren der Liebhaberei für die Tübinger Universitätsbibliothek allzugroße Opfer gebracht habe; allein wenn ich selbst eine Kritik meiner wissenschaftlichen Leistungen zu schreiben hätte, so würde sie streng genug ausfallen. Ich mache mir gar keine Illusion darüber, daß mir in dreifacher Beziehung viel gefehlt hat, um vollkommen Tüchtiges zuwege zu bringen. Ich bin ein schlechter Civilist, was mich auch im Staatsrechte mannigfach gehindert und namentlich in der Argumentation manchmal unsicher gemacht hat.

Meine Kenntnisse der mittelalterigen deutschen Staats-
und Rechtsgeschichte ist eine sehr mangelhafte; ich habe
weder ein Interesse daran, noch reicht mein Gedächtniß dazu aus, und so ist mir der Geist dieser Zeit
stets ein fremdartiger geblieben. Endlich bin ich nichts
weniger als ein philosophischer Kopf. Zwar macht
es mich ganz unglücklich, wenn etwas unklar ist,
und ich habe mir auch immer Mühe gegeben, das,
was ich dachte und sagen wollte, für Andere klar zu
machen; allein es fehlt mir jedes Verständniß der abstrakten Probleme, und eine Argumentation aus einem
metaphysischen Systeme heraus bleibt mir entweder
ganz unverständlich oder hat keine überzeugende Kraft
für mich. Mit solchen Mängeln kommt man über
eine moderne Verständlichkeit und einige Bücherkennt-
niß nicht hinaus. Wohl weiß ich, daß auch bei Andern dies und jenes fehlt, und daß deßhalb die Zahl
Derer, welche eine wirklich bedeutende und bleibende
Stelle in der Wissenschaft einnehmen, dieselbe entweder
mit einem Rucke auf einen ganz neuen Standpunkt
stellen oder wenigstens eine Arbeit, die omni exceptione
major ist, liefern, sehr klein ist; aber dadurch wird
das eigene Bewußtsein nicht gebessert und bleibt das
Gefühl, ganz einfach seinen Platz in der Menge nehmen
zu müssen." Strenger wird der strengste Kritiker
Mohl nicht beurteilen, als er dies selbst hier gethan

hat; aber die Gerechtigkeit urtheilsfähiger Sachgenossen
wird nie vergessen, zu der Folie der von ihm selbst
so scharf gezeichneten Mängel auch die glänzenden
Lichtseiten hervorzuheben, welche ihn trotz alledem zu
einem einzig dastehenden Phänomen in unserer staatswissenschaftlichen Literatur machten. Die solide Grundlage aller seiner wissenschaftlichen Leistungen ist die
allumfassende Gelehrsamkeit, welche nur mit jenem
deutschen Fleiße errungen werden kann, worin Mohl
seinem Ahnherrn Moser wohl am nächsten gekommen
ist. Sein Wissen umfaßte die staatswissenschaftliche
Literatur aller Zeiten, seine Arbeiten erstreckten sich
auf die staatlichen Zustände aller civilisirten Völker.
Aber seine Gelehrsamkeit war nie die todte, unfrucht-
bare des blosen Polyhistors; seine universale Staats-
betrachtung suchte die staatswissenschaftliche Literatur
aller Völker für die deutsche Wissenschaft vom Staate,
sowie für die deutsche Staatspraxis möglichst fruchtbringend zu machen. Kein deutscher Staatsgelehrter
vor ihm war so großartiger Kosmopolit im Wissen
und zugleich so warmer Patriot im Herzen, wie er.
Wohl mag Mohl mit Recht an sich selbst den Mangel
einer eigentlich philosophischen Begabung tadeln, und
wir geben ihm darin Recht, daß eigentlich neue, um-
gestaltende Ideen, auch auf dem Gebiete der Staatswissenschaften, schließlich doch nur von einer tiefern

philosophischen Auffassung ausgehen können. Aber
Mohls Abneigung gegen alle philosophischen Spekula-
tionen hat ihn auch glücklich vor manchen Abwegen
bewahrt, auf welche viele seiner Zeitgenossen sich ver-
irrten. Jene Nebel einer naturphilosophischen Betrachtung des Staates, jener Götzendienst, welcher von Vielen
mit dem an sich höchst werthvollen und unentbehrlichen
Begriffe des Organismus getrieben ward: jene physio-
logischen Spielereien in der Staatswissenschaft blieben
ihm völlig fremd. Mochte man Mohls Staatsauf-
fassung nicht hinreichend tief finden, so blieb sie doch
stets klar und nüchtern und haftete an den gegebenen
Zuständen dieser sublunarischen Welt, während sich
andere mit ihren Phantasien in allen Himmeln herum-
trieben und Staatstheorien aufstellten, welche besser
für Mond und Sterne als für die rauhe Wirklichkeit
dieser armen Erde passen. In dem Theoretiker Mohl
steckte ein gutes Stück vom praktischen Staatsmann,
wie dem praktischen Staatsmann stets wieder der
gelehrte Theoretiker über die Schultern schaute. Das
Bestreben, einerseits die Wissenschaft mit praktischen
Lebenserfahrungen zu durchdringen, andererseits das
praktische Staatsleben durch wissenschaftliche Gedanken
zu leiten und zu beherrschen, gibt Mohls ganzer literarischer Thätigkeit eine eigenthümliche Richtung, aber
auch einen besonderen Werth. Wichtiger, als alles

Andere, für den Schriftsteller auf staatswissenschaft-
lichem Gebiete ist aber der Muth, seine Ueberzeugung
offen zu bekennen, welchen Mohl zu allen Zeiten bewährte, eine Eigenschaft, die auf der sittlichen, lautern
Natur seines ganzen Wesens ruhte. Nicht als ob er
seine Ansichten nie geändert hätte und der Belehrung
unzugänglich gewesen wäre. Im Gegentheile, wo ge-
waltige Ereignisse vernehmlich gesprochen hatten, war
er bereit, sein subjektives Urtheil der großen Logik welt-
geschichtlicher Thatsachen unterzuordnen, wie er dies
mehrfach in seiner Auffassung der deutschen Frage mit
seltener Selbstverleugnung gethan hat. Aber überall
können wir überzeugt sein, daß Mohl, wo er wissenschaftlich auftritt, die ganze volle Wahrheit ausspricht,
wie sie bei ihm nach bestem Wissen und Gewissen
feststand, daß er nie etwas beschönigt, was er für
Unrecht hielt, daß er selbst aus Rücksicht nichts ver-
schweigt, wo er sich offen auszusprechen für verpflichtet
hielt. Wir haben gesehen, daß er bei maßvoller und
loyaler Gesinnung „den Mannesmuth vor Königs-
thronen" nicht verleugnet, daß er sich nicht gescheut
hat, die unversöhnliche Feindschaft eines allmächtigen
Ministers durch eine kühne Kritik herauszufordern,
wo es galt, für das Landeswohl einzutreten, daß er
aber sich auch niemals gefürchtet hat, dem Götzen
der Tagesmeinung muthig entgegenzutreten. Mohl

war ein Charakter im Leben wie in der Wissenschaft und auch in dieser Beziehung steht er, wie sein Ahnherr Moser, dem gegenwärtigen und kommenden Geschlechte als ein leuchtendes Vorbild da.

Dem Greise war ein glücklicher Lebensabend beschieden. Seine beiden Söhne hatten ihre Laufbahn mit gutem Erfolge begonnen, seine beiden Töchter waren glücklich verheirathet. Das ihm sonst so fremde Berlin wurde ihm zur zweiten Heimath, indem er dort im Hause seines Schwiegersohnes Helmholtz, im anregendsten Gedankenaustausche mit diesem großen Gelehrten und im engsten geistigen Verkehr mit dessen Gemahlin, seiner geistesverwandten Tochter, Anna v. Helmholtz, manche genußreiche Stunde verlebte. Hier erholte er sich von den langwierigen anstrengenden Sitzungen des Reichstags und dem aufregenden Parteitreiben am liebsten.

Obgleich Mohl sich Ende Oktober 1875 bereits in Karlsruhe unwohl fühlte, so war er doch, als die Einberufung zum Reichstage erfolgte, pflichttreu dem Rufe des Kaisers gefolgt. Am 1. November war er zu Berlin eingetroffen. Noch am Tage vor seinem Tode scherzte er über die unangenehme Ehre, beinahe das älteste Mitglied der Versammlung zu sein. In der Nacht vom 4. zum 5. November 1875 hat ein sanfter Tod seinem Leben ein Ende gemacht. Ohne jede Qual er-

6*

losch sein Leben im Schlafe. Man fand ihn in der frühen Morgenstunde des 5. November wie einen Schlummernden ruhig dahingestreckt, das Buch, in dem er gelesen, war seiner Hand entglitten. Die Lampe, die ihm geleuchtet, war, wie er selbst, verglommen.

Mit ihm ist ein reiches, beglücktes und beglückendes Dasein erloschen. Möchte es der deutschen Wissenschaft nie an so unermüdlichen Arbeitern, den deutschen Fürsten nie an so erfahrenen Rathgebern, dem deutschen Volke nie an so muthigen Vertretern seines Rechtes fehlen, wie es Robert von Mohl, ein halbes Jahrhundert hindurch, in guten und schlimmen Tagen unerwegt gewesen ist.

Anhang.

1.

Denkschrift aus dem Frühjahr 1867 über das damals in Frage stehende künftige Verhältniß von Nord- und Süddeutschland, verfaßt von R. v. Mohl.

(Aus den Acten des Staatsministeriums zu Karlsruhe.)

Die Nothwendigkeit, einen bestimmten Entschluß zu fassen über ihr Verhältniß zu dem norddeutschen Bunde, tritt für die süddeutschen Regierungen unabweisbar heran. In wenigen Wochen wird die Verfassung jenes Bundes festgestellt sein, und dann werden, nach bekannten Erklärungen, alsbald Verhandlungen mit den süddeutschen Staaten eröffnet werden.

Das Bedürfniß eines gemeinsamen Planes und Handelns von Seiten der letzteren bedarf keines Beweises. Es ist vielleicht nöthig nach dem Prager Frieden, jeden Falles förderlich für das Werk und nützlich in Betreff der zu erreichenden Bedingungen. Doch ist diese Gemeinschaftlichkeit auf die Regierungen, wenigstens zunächst, zu beschränken, und nicht etwa auch ein süddeutsches Parlament ad hoc zu berufen, um mit diesem den Plan festzustellen. Zeitverlust, materielle und formelle Schwierigkeiten stehen entgegen.

Bei den Verhandlungen mit Preußen sind zwei verschiedene Ziele möglich, entweder eine definitive Abmachung des ganzen Verhältnisses oder eine Verabredung nur über das zunächst Nothwendige, und bloße Anbahnung einer künftigen umfassenden und bleibenden Ordnung.

I. Für eine definitive und umfassende Gestaltung sind drei verschiedene Zustände denkbar:

1. Vollständiges Anschließen an den norddeutschen Bund nach Maßgabe der jetzt festgestellten Verfassung desselben;

2. Dualismus zweier Bünde mit gemeinsamen Organen für einzelne bestimmte Gegenstände;

3. Internationaler Bund aller einzelnen deutschen Staaten zu bestimmten Zwecken, etwa analog dem früheren Deutschen Bunde.

Als Für und Wider jedes dieser drei Gedanken mag hauptsächlich Folgendes geltend gemacht werden.

Zu 1. Für einen alsbaldigen völligen Anschluß an den norddeutschen Bund: Erfüllung des weit verbreiteten und mächtigen nationalen Einheitswunsches, mächtige internationale Stellung und deren Folgen: Sicherung der materiellen Interessen; Beseitigung österreichischer und particularistischer Restaurationsplane, verständiges Unterwerfen unter ein schließlich doch Unvermeidliches. Gegen den Gedanken spricht: dynastische Abneigung, gegründet auf die Schmälerung der Souveränitätsrechte, Antipathie gegen Preußen bei einem bedeutenden Theile der Bevölkerung und der Kammern in Süddeutschland, Mangel an Wollen und an Befugniß von Seite Preußens zu einer jetzt schon vorzunehmenden Aufnahme Süddeutschlands in den norddeutschen Bund; eminente Gefahr internationaler Verwicklungen. — Dieser Plan ist somit wohl als zur Zeit unausführbar zu betrachten.

Zu 2. Ohne Zweifel würden für die Bildung eines süddeutschen Bundes neben dem norddeutschen, und für die Organisation einer gemeinschaftlichen Instanz für bestimmte allgemeine

Zwecke und Interessen diejenigen Sympathien und Factoren sein, welche gegen ein völliges Eintreten in den norddeutschen Bund sind; auch wären keine äußeren Schwierigkeiten zu besorgen. Dennoch sprechen überwiegende Gründe gegen eine Verfolgung dieses Planes. Zunächst wäre der Organismus ein äußerst schwerfälliger und verwickelter, wohl ohne Beispiel in der Geschichte der politischen Gestaltungen (dreifache Stufenfolge von constitutionellen Apparaten im einzelnen Lande, in jedem Bunde, bei dem gemeinsamen Organe). Hieraus ergäbe sich aber mit Nothwendigkeit: Verzögerung; Reibungen unter den verschiedenen Instanzen; absolutes Hemmniß bei Widerspruch nur Eines der Organe, als Folge hiervon aber wieder: materielle Leistungsunfähigkeit im Innern und gegen Außen viele und bittere Zwiste; Unzufriedenheit bei Regierungen und Bevölkerungen; sichere Aussicht auf baldige Wiederauflösung, auf fremde Intriguen, schließlich wohl wieder auf Krieg. Zuzufügen ist noch: künstliche Weiterausbildung des Gegensatzes zwischen Nord- und Süddeutschland, geringe Neigung in den drei übrigen süddeutschen Staaten für eine Hegemonie Bayerns. — Auch dieser Gedanke erscheint somit als unräthlich und unausführbar.

Zu 3. Genauer präcisirt wäre hier die Rede von einem blos internationalen Bunde sämmtlicher noch bestehender Deutscher Staaten, als souveräne Existenzen, ohne Rücksicht auf ihre etwaigen sonstigen Gestaltungen und Bündnißverhältnisse, namentlich also mit Ignorirung des norddeutschen Bundes als einer Einheit vieler dieser Staaten. Für die zu bildende Gesammtheit wäre wohl unerläßlich: eine beschließende Versammlung von Bevollmächtigten, eine Executiv-Gewalt; eine controlirende populäre Repräsentation. — Für einen solchen Plan läßt sich unzweifelhaft anführen, daß er formell bequem für die Führung der Verhandlungen wäre, da die Verfassung des alten Bundes einfach als Basis derselben angenommen werden könnte; sodann die wohl anzunehmenden Sympathien zahlreicher, auch norddeutscher, Regierungen; vielleicht endlich die Mehrheit in einigen süddeutschen

Kammern. — Man kann sich aber nicht verhehlen, daß große Bedenken der Hoffnung auf ein Gelingen entgegen stehen. Vor Allem ist doch kaum eine Zustimmung Preußens in Aussicht zu nehmen, welches wieder vieles verlieren würde von dem, was es eben gewonnen hat, und nichts von dem gewinnen, auf was es zweifelsohne hofft. Sodann wäre ein solcher loser Bund ein sehr unvollkommener Ausdruck des nationalen Einheitsgedankens und würde wohl eine tiefe und weitverbreitete Mißstimmung bei einer mächtigen Partei erzeugen. Dies um so mehr, als nicht nur die gerechten Vorwürfe gegen den alten Bund, sondern auch alle Verläumdungen und Verkennungen desselben alsbald würden geltend gemacht werden. — Es scheint somit auf eine Realisirung dieses Gedankens wenig zu rechnen zu sein.

Wenn nun aber doch der Versuch gemacht werden will, so dürften nachstehende Grundzüge vorzuschlagen sein:

a) Bundesversammlung. — Mitglieder: sämmtliche selbständige deutsche Staaten. — Stimmenverhältniß analog dem für den norddeutschen Bund festgesetzten; für die süddeutschen Staaten etwa 6, 4, 3, 2 Stimmen. — Versammlungsort: Berlin. — Dauer der Sitzungen: nur periodisch und nach Bedürfniß; Einberufung durch Preußen oder auf Verlangen einer bestimmten Stimmenzahl. — Vorsitz: Preußen. Competenz: Alle allgemeinen bleibenden Beschlüsse; Krieg und Frieden; Umlagen.

b) Executivgewalt. Die Einschiebung einzelner Organe zur Vollstreckung der Beschlüsse und Aufrechterhaltung der Bundesordnung ist wohl durch die Erfahrung des alten Bundes als unmöglich erwiesen, auch dürfte ohne eine passende Einräumung an Preußen in dieser Richtung an eine Zustimmung desselben zu dem ganzen Plane nicht zu denken sein. Es scheint aber eine doppelte Einrichtung nöthig.

Die einfache Vollstreckung der Bundesgesetze und Bundesbeschlüsse, somit die beständige Oberaufsicht in dieser Beziehung, stünde Preußen zu; ein, unter dem Präsidium von Preußen aus etwa vier Mitgliedern bestehender Ausschuß, Bundesrath, würde allgemeine Vollziehungsmaßregeln berathen und anordnen, Frieden unter den Bundesgenossen provisorisch bis zum Austrage der Sache erhalten, das Kassen- und Rechnungswesen überwachen.

c) Volksvertretung. Die Nothwendigkeit der Einreihung eines populären Elementes in den Bundesorganismus ist unzweifelhaft; doppelt so durch den Vorgang des norddeutschen Parlamentes. Theils aus diesem Grunde, theils zur Vermeidung unabsehbarer Verschleppungen und Streitigkeiten kann diese Mitwirkung nicht an die Kammern der einzelnen Staaten verwiesen werden, sondern muß am Bunde selbst die Versammlung eingerichtet werden. Um nicht die Wahlen allzusehr zu häufen und zur Vermeidung verschiedener Principien bei wesentlich gleichen Aufgaben erscheint es wohl als das gerathenste, das norddeutsche Parlament in seinem ganzen Bestande auch für den weiteren Bund zu verwenden, demselben aber für die süddeutschen Staaten nach gleichem Wahlgesetze die entsprechende Zahl von Mitgliedern beizufügen.

Als selbstverständlich ist zu betrachten: abgesonderte (so mit dem norddeutschen Parlamente nicht vermischte) Zusammenkunft; ausschließliche Zuständigkeit in Sachen des weiteren Bundes, sowohl dem norddeutschen Parlamente als den einzelnen Kammern gegenüber; Einberufung durch Preußen, oder auf einstimmigen Antrag des Bundesrathes.

Die Zuständigkeit wird einfach nach den Bestimmungen im norddeutschen Bunde für dessen Parlament zu regeln sein, da eine Verschiedenheit die mannigfachsten Unzuträglichkeiten hätte, Preußen auch jeden Falles zu einer Erweiterung sich nicht verstehen wird.

d) Zweck und Inhalt des Bündnisses. Als Zweck ist außer der äußeren und inneren Sicherheit Deutschlands und der Integrität der einzelnen Staaten (nach Art. 2 der Bundesverfassung von 1815) auch die Ordnung gemeinsamer Interessen, sei es der Regierungen, sei es der Bevölkerungen, ausdrücklich zu erwähnen.

Die äußere Sicherheit ist herbeizuführen durch Ausbildung

der bestehenden Schutz- und Trutz-Bündnisse zu einer militärischen Einheit sowohl der Organisation als des Oberbefehls; eine wirksame Inspektion im Frieden, unerläßlich nach den Erfahrungen in dem alten Bunde; Ordnung des Festungswesens.

Für die innere Sicherheit wird die, oben b, der Executivgewalt eingeräumte Befugniß sorgen; ferner das Bundesgericht (s. unten f).

Die gemeinsamen Interessen können, ihrem Inhalt nach, nur nach den Bestimmungen des norddeutschen Bundes, namentlich in Art. 3 und 4 der Verfassung desselben, präcisirt werden. Weiteres wird Preußen nicht zugestehen, mit Wenigerem sich die öffentliche Meinung in Süddeutschland nicht begnügen.

Für die Ordnung der gemeinsamen Interessen im Einzelnen steht an sich die Wahl zwischen Vertrag und Gesetzgebung; diese Wahl ist aber schwer zu treffen.

Die Vortheile einer Feststellung durch Vertrag sind: schnellere staatsmännischere und consequentere Feststellung, ferner die Vermeidung der bekannten Nachtheile einer Behandlung von Gesetzesentwürfen in repräsentativen Körperschaften. Nachtheilig dagegen ist die Unmöglichkeit einer vertragsmäßigen vollständigen Ausarbeitung so vieler und so schwieriger Gegenstände vor der politisch drängenden Abschließung des Bundesvertrages. Selbst die Feststellung allgemeiner Grundsätze scheint zu viel Zeit in Anspruch zu nehmen. — Daß die Vortheile einer gesetzgeberischen Ordnung (nach Abschluß des Bundes) nämlich die Möglichkeit einer ruhig überlegten und den betreffenden Gegenstand mit einemmale abschließenden Feststellung sehr beeinträcht werden durch die unvermeidlichen Zögerungen einer commissarischen Bearbeitung des Entwurfes und durch die Schwierigkeiten einer parlamentarischen Durchsetzung desselben, ist unleugbar; allein dies beseitigt jene Unmöglichkeit nicht.

Wenn daher der Bundesvertrag aus politischen Gründen schleunig abgeschlossen werden muß, — wie wohl der Fall sein

wird, — so kann höchstens von dem Versuche die Rede sein, allgemeine leitende Grundsätze über die gemeinsamen Gegenstände in
das Vertragsinstrument zu bringen. Ohne Zweifel wird aber
selbst dieser bei Preußen auf Widerstand stoßen, da dadurch auch
für den norddeutschen Bund präjudicirt werden würde.

e) Aufnahme von Freiheitsrechten in den Bundesvertrag, —
nach Analogie des Art. 12 ff. der alten Bundesverfassung. Sehr
wünschenswerth wegen Befriedigung der öffentlichen Meinung
und wegen Erleichterung der Durchsetzung des Vertrages in den
süddeutschen Kammern; ohne Zweifel aber schwer zu erreichen
nach den Vorgängen im norddeutschen Parlamente.

ſ) Bundesgericht. Versuch der Constituirung eines solchen
sehr wünschenswerth, da sonst nicht einmal die mangelhaften
Einrichtungen der Bundesausträgalgerichte und die rechtliche Ent-
scheidung von Streitigkeiten der Bundesglieder unter sich bleiben.
Vielleicht wäre wenigstens zunächst die Bestellung des jetzt schon,
allerdings zu einem andern Zweck, von dem norddeutschen Bunde
verwendeten Oberappellationsgerichts in Lübeck zu erreichen.

g) Dauer des Bundesvertrags. Bei der wohl von keiner
Seite bestrittenen nur provisorischen Bedeutung der in Frage
stehenden Verbindung von Nord- und Süddeutschland wäre eine
Herübernahme des Art. 1 der Bundesverfassung von 1815 eine
unwürdige Phrase, und könnte doch die Festsetzung der Beständig-
keit und Unauflösbarkeit später ein Hinderniß für Veränderungen
sein. Eine vorläufige Gültigkeit auf 10—12 Jahre dürfte vollkommen genügen.

II. Sollte — was sicherlich im Bereiche der Möglichkeit ist
— eine Verhandlung mit vorstehenden Grundlagen nicht beliebt
werden, sei es von den süddeutschen Cabineten, sei es von Preußen,
— so würde nichts übrig bleiben, als über das unmittelbar
Dringende eine Uebereinkunft zu schließen und einer künftigen
besseren Constellation eine vollkommenere Bildung zu überlassen.

Als unmittelbar dringlich ist aber zu bezeichnen: die Ordnung

der Militärverhältnisse und die der materiellen allgemeinen Interessen, namentlich also des so unsicher gewordenen Zollvereins.

Es wäre eine solche Beschränkung ein klägliches pis-aller,
begleitet von manchen und schweren Nachtheilen (Agitation anstatt Beruhigung, mangelhafte äußere Stellung u. s. w.), allein
als das einzig Erreichbare zunächst hinzunehmen und als ein Aus-
gangspunkt für Weiteres zu benützen.

Die militärischen Verabredungen mögen hier, als von zu-
ständigerer Seite ohne Zweifel erwogen und vielleicht in Verhandlung genommen, übergangen werden.

Was aber die materiellen Interessen und vor Allem die Ver-
längerung und Befestigung des Zollvereins betrifft, so kann es
wohl keinem Widerspruche begegnen, daß dem gegenwärtigen
ebenso unwürdigen als materiell nachtheiligen Zustande um jeden
Preis ein Ende gemacht werden muß. Da nun Graf Bismarck
erklärt hat, unter keinen Umständen die künftigen Zollverhältnisse
anders als im Wege der Gesetzgebung zu behandeln, so bleibt
nur die Alternative, entweder die mit Sicherheit zu erwartende
Kündigung des Zollvereins anzunehmen, oder aber ein Mittel zu
suchen, an dieser Gesetzgebung Antheil zu nehmen.

Ersteres ist wohl ernstlich außer Frage; die Erfahrung hat
die Unausführbarkeit gezeigt, und es darf auch auf die möglichen,
vielleicht wahrscheinlichen schweren politischen Folgen einer solchen
in die ganze Volkswirthschaft des Südens verhängnißvoll ein-
schneidenden Maßregel aufmerksam gemacht werden.

Eine Betheiligung an legislativer Ordnung aber läßt sich
entweder in der Form eines besonderen Zoll-Parlaments denken;
oder durch Eintritt der Süddeutschen in den norddeutschen Bundesrath und in den norddeutschen Reichstag ad hoc. Sachlich wäre
beides wohl gleich, indem doch auch das Zollparlament norddeutscher Seits aus dem Reichstage bestehen würde; die etwaigen
formell für die Südstaaten sich ergebenden Vortheile einer nominell
besondern Versammlung möchten aber leicht mehr als aufgewogen

werden durch die Reibungen, welche bei der Ordnung von Details und Folgerungen entstehen würden. So anomal und gewiß auch in manchen Beziehungen unzweckmäßig ein Eintritt der süddeutschen Regierungen in den Bundesrath und der Abgeordneten in den Reichstag zum Zweck von Zoll- und Gewerbegesetzen wäre, so scheint also doch dieser Weg eingeschlagen werden zu müssen. Daß sich an eine solche zunächst nur partielle und engumschriebene Theilnahme ohne Zweifel bald auch noch weiteres Gemeinsames knüpfen würde, ist richtig, wäre aber weit entfernt, ein Unglück zu sein.

Daß in solchem Falle die Wahlen der süddeutschen Zolldeputirten nach dem norddeutschen Wahlgesetze vorzunehmen wären, ist wohl selbstverständlich.

————•————

2.

Ein Brief R. v. Mohls über die staatsrechtliche Krisis des Jahres 1866.

————

Hochgeehrtester Herr und Freund!

Ich habe die Freude gehabt, bei meiner Rückkehr aus dem Wildbad Ihr Werk anzutreffen*) und heute denn auch Ihr gütiges Schreiben vom 0. d. M. zu erhalten.

Durch mancherlei Abhaltungen, welche mich nach meiner Rückkunft betrafen, bin ich bis jetzt nur im Stande gewesen, den Abschnitt über die Auflösung des Bundes und über die Gründung des norddeutschen Bundes zu lesen. Sie gestatten mir offen zu gestehen, daß ich auch hier wieder die alte Bemerkung bestätigt gefunden habe, es sei schwer oder vielmehr geradezu unmöglich, die neueste Geschichte ganz richtig zu schreiben, blos auf Grund-

---

*) Die Krisis des deutschen Staatsrechts im Jahre 1866, von Hermann Schulze. Leipzig 1867. (Ein Nachtrag zur Einleitung in das deutsche Staatsrecht.)

lage der alsbald veröffentlichten amtlichen Urkunden. Nicht nur
ist in diesen nicht eben alles richtig, sondern noch weit mehr wird
nicht alles Richtige gesagt. Ich glaube daher, daß die Geschichte
der Auflösung des Bundes mit der Zeit in manchen wichtigen
Punkten eine wesentlich andere Färbung erhalten wird, als dies
nach dem bisherigen Material möglich ist. Glauben Sie nicht,
daß bei mir eine Abneigung gegen Preußen oder auch gegen Herrn
von Bismarck persönlich spricht, — eine Abneigung, welche ich
gar nicht habe, — wenn ich manche Vorgänge und deren Vor-
bereitung anders auffasse, als Sie es gethan haben. Es würde
viel zu weit führen und ich bin dazu auch gar nicht vorbereitet,
wenn ich meinerseits versuchen wollte, die ganze Genesis des
jetzigen Zustandes darzustellen; allein einige wenige bezeichnende
Punkte darf ich vielleicht hervorheben. Sie sagen gelegentlich,
Preußen sei von dem Bunde in seinen Bestrebungen niemals unterstützt, sondern vielmehr immer durchkreuzt worden. Gestatten Sie
mir die Ueberzeugung auszudrücken, daß gerade das Gegentheil
der Fall war, das heißt, daß der Bund in den freilich wenigen
Fällen, in welchen er etwas Nützliches und Nationales wollte,
hauptsächlich an Preußens Nichtbeitritt scheiterte. Ich erinnere mich
noch sehr wohl, mit welchem Erstaunen mir allmählig und zwar
nicht etwa durch eigene Schlüsse, sondern durch die unumwundensten
Aeußerungen und selbst Warnungen vertrauter preußischer Freunde
klar wurde, daß es vollkommen feststehendes System der preußischen
Staatsmänner war, nichts Nützliches am Bunde zu Stande kommen
zu lassen, weil dieses nur den Bund stärken würde, dieser aber je
früher je besser zu Grund gehen müsse. Auf meine Einwendungen,
daß Preußen sich auf solche Weise nur selbst schade, indem es ja
doch früher oder später der Erbe aller dieser Dinge sein werde
und daß es sein moralisches Ansehen im übrigen Deutschland
daran setze anstatt es zu steigern, wurde schon vor 6 und 8 Jahren
erwidert: mit moralischen Mitteln gehe die Sache doch nicht, und
man sei nur der dupe von Oesterreich. Dieses stelle sich an, als

sei es mit allen solchen Verbesserungen einverstanden, denke aber nicht daran, sie in seinen Staaten auszuführen und so hätte Preußen nur die Mühe und den Nachtheil von Aenderungen und den Schaden einer Befestigung des Bundes. Der Bund konnte freilich nicht bestehen, da er gar nichts leistete; allein hart ist es doch, daß ihm der Vorwurf gerade von der Seite gemacht wird, welche mit Bewußtsein daran schuld war. Es mag dies schlaue Politik gewesen sein; für eine löbliche kann ich sie nicht halten und ob es eine richtige war, wird der weitere Verlauf der Welt-ereignisse zeigen, die ich, zu meinem aufrichtigen Bedauern, noch keineswegs für abgeschlossen erachte. Hier heißt es denn freilich, wie so oft in der Welt: qui vivra verra.

Ein anderer Punkt. Sie tadeln den Herzog Friedrich von Holstein, daß er die für Preußen nothwendigen Bedingungen nicht angenommen habe. Erlauben Sie mir, dies entschieden zu leugnen. Ich habe eine, aus naheliegenden Gründen nicht veröffentlichbare, Correspondenz desselben mit den höchsten Personen in Preußen in Händen gehabt, in welcher eine Reihe von Bedingungen aufgestellt war, mit deren Annahme die Sache fertig sein sollte. Diese Be-dingungen wurden von dem Herzoge pure angenommen. Allein wenige Tage darauf kam Düppel und Alsen und dann hieß es, die Verhältnisse hätten sich gänzlich geändert. Ich sage dies nicht, um die politischen Gründe zu bestreiten, welche Sie für die Noth-wendigkeit einer Erwerbung der Herzogthümer für Preußen an-führen, sondern bestreite nur die geschichtliche Richtigkeit des Herganges, zu welcher Sie durch amtliche Aktenstücke verführt worden sind. Auch ich glaube, daß Herzog Friedrich Fehler ge-macht hat; allein sie liegen gerade in entgegengesetzter Richtung von dem, was man ihm gewöhnlich vorwirft.

Nun noch nur eine Thatsache, um Ihre Geduld nicht zu lange in Anspruch zu nehmen. Sie erörtern ausführlich die Bundes-widrigkeit des Beschlusses vom 14. Juni 1866; ich will dies ganz dahin gestellt sein lassen, ob ich gleich in dem einen oder in dem andern Punkte anderer Meinung bin. Allein so viel müssen Sie mir erlauben zu bemerken, daß in ernster Geschichtschreibung der Vorgänge diesem Bundesbeschlusse gar keine reelle Bedeutung gegeben werden kann. Wenn er auch gar nicht gefaßt worden wäre, wenn Preußen die Majorität der Versammlung für sich gehabt hätte, so wäre es doch an diesem Tage aus dem Bunde getreten und hätte den Krieg begonnen. Ich kann Ihnen als positive Thatsache versichern, daß Herr von Savigny zwei Erklärungen in der Tasche bei sich hatte; die eine, welche er wirklich abgegeben hat, nachdem der Antrag die Majorität erhalten hatte; eine zweite für den Fall, wenn Preußen die Mehrheit gehabt hätte. Auch in diesem Falle wäre es ausgetreten, unter dem Vorwande, daß schon die bloße Behandlung der Frage eine grobe Verletzung sei. Und in der That, es konnte ja nicht mehr anders; die Truppen standen ja überall an den Grenzen und rückten noch an demselben Abend ein.

Sie würden mich, verehrtester Herr und Freund, vollkommen mißverstehen, wenn Sie aus dem Vorstehenden abnehmen wollten, ich mißbillige politisch das Vorgehen Preußens und ich erkenne nicht vollkommen die bewundernswerthen Leistungen von Heer und Volk an. Ich weiß auch sehr wohl, daß man welthistorische Begebenheiten nicht mit der Schablone eines Civilprozesses mißt und daß es dabei nicht ohne harte Püffe für das Recht abgeht. Was ich zunächst nur andeuten wollte, ist, daß die Geschichte des Eroberungskrieges im vorigen Jahre (denn das war er doch einfach) noch nicht mit Sicherheit und vollständiger Richtigkeit beschrieben werden kann. Was ich aber bedaure, ist, daß die Sache, wenn sie doch einmal begonnen und so wie geschehen begonnen wurde, nicht bis zum Ende durchgeführt worden ist. Sie können uns Süddeutschen, welche wir uns in der trostlosesten politischen Lage befinden, nicht zumuthen, daß wir eine Freude an dem haben, was geschehen ist, noch an dem, was uns aller Wahrscheinlichkeit nach noch bevorsteht. Meine Ueberzeugung ist, daß Frankreich ebensowenig sogleich losgeschlagen hätte, wenn auch die süddeutschen Staaten alsbald in den Bund hereingenommen worden wären, und daß nicht die Furcht vor einem Kriege mit Frankreich es verhindert hat, sondern lediglich die Abneigung Bismarcks gegen die „süddeutschen Krakehler" im Parlamente, und weil er nicht glaubte, daß Preußen auf einmal so viel verdauen könne. Auch dies ist nicht etwa eine bloße Conjectur von mir, sondern ich weiß seit Jahren aus erster Hand, daß dies seine Ansicht war. Ich gebe zu, es läßt sich für diese Politik manches sagen, schließlich halte ich sie aber doch nicht für die richtige. Jetzt ist es freilich zu spät.

Ich bin gegen alle meine Gewohnheit in Erörterung über abweichende Ansichten in Betreff der jüngsten Ereignisse eingegangen, weil ich doch nicht einfach stillschweigen wollte über den Theil Ihres Werkes, mit welchem ich nicht ganz einverstanden sein kann und weil ich doch wenigstens einige Punkte andeuten wollte, auf welchen meine Ueberzeugung beruht, daß die Geschichte des Jahres 1866 nach dem bis jetzt veröffentlichten Material noch nicht endgültig geschrieben werden kann.

Ich fürchte Ihre Nachsicht nur allzulange mißbraucht zu haben und bitte daher nur kurz noch, mir Ihre gütigen Gesinnungen ferner bewahren zu wollen, auch wenn wir über diesen oder jenen Punkt der Zeitgeschichte oder Politik verschiedener Meinung sein sollten.

München, den 12. August 1867.   R. v. Mohl.

————•————

3.
Glückwunschschreiben der juristischen Facultät zu Breslau zum fünfzigjährigen Doctorjubiläum an Robert v. Mohl.
(Verfaßt von Prof. Dr. Hermann Schulze.)

Hochverehrtester Herr!

Seit einem halben Jahrhundert haben Sie nunmehr das Feld des öffentlichen Rechtes, sowie der gesammten Staats-

wissenschaften, unermüdlich, mit rüstiger Hand bebaut. Die
Saaten, welche Sie diesem Boden anvertraut, sind herrlich
aufgegangen und haben hundertfältig Frucht getragen. Darum
reicht Ihnen heute an dem fünfzigjährigen Jubelfeste Ihrer
juristischen Doctorwürde die deutsche Wissenschaft den wohlver-
dienten Erntekranz. Sie selbst aber können auf die durch-
messene Bahn mit reicher innerer Befriedigung zurückblicken.
Als Sie im Jahre 1821, eines hochangesehenen Vaters hoffnungs-
voller Sohn, Ihre Dissertation «de discrimine ordinum provincialium et constitutionis repraesentativae» zu Tübingen öffentlich
vertheidigten, zeigten Sie schon durch Wahl und Behandlung
dieses Themas, daß Sie, an der Grenzscheide zweier Epochen
unseres Staatslebens, den Geist der Vergangenheit und der Gegenwart richtig zu unterscheiden wußten, daß Sie selbst aber der
Neuzeit, dem Aufbau des constitutionellen Rechtsstaates mit allen
Ihren Kräften zu dienen gewillt seien. Dies Ziel haben Sie·
niemals aus den Augen verloren, mochten Sie dem deutschen
Volke die Verfassung des großen transatlantischen Bundesstaates
in kräftigen Grundzügen darlegen oder das Staatsrecht Ihres
engeren Vaterlandes mit juristischer Schärfe und geschäftsmännischer
Sachkunde entwickeln. Durch Ihr „Staatsrecht des König-
reichs Würtemberg" brachen Sie für die Behandlung des
Staatsrechts der deutschen Einzelstaaten ebenso neue Bahn, wie
Sie durch Ihre „Polizeiwissenschaft nach den Grundsätzen des Rechtsstaates" einer neuen wissenschaftlichen
Aera auf diesem Gebiete vorgearbeitet haben.

Einzig in unserem Bücherschatze, ein bewunderungswerthes
Denkmal deutschen Gelehrtenfleißes, steht Ihre „Geschichte und
Literatur der Staatswissenschaften" da, welche die Strahlen
aus den staatswissenschaftlichen Schriften aller Völker und Zeiten,
wie in einem Brennpunkte, zu sammeln verstanden hat.

Von Ihrer ersten Jugendschrift bis zu Ihren letzten er-
fahrungsreichen Monographien über: Staatsrecht, Völker-

recht und Politik" erscheint Ihre literarische Thätigkeit, im innigsten Einklange mit Ihrem ganzen öffentlichen Leben, wie eine große zusammenhängende Gedankenarbeit, wie ein harmonisches Kunstwerk aus Einem Gusse.

Wie Sie Namen und Begriff des Rechtsstaates zuerst in die deutsche Wissenschaft eingeführt haben, so sind Sie auf dem Lehrstuhle, wie im Ständesaale, im Parlamente zu Frankfurt, wie auf dem Ministersitze und im Schooße des Bundestages, für deutsches Reich und Recht, für bürgerliche Freiheit, wie für staatliche Ordnung, in guten und bösen Tagen, ebenso muthig als maßvoll eingetreten.

Viele Ihrer treuen, geistesverwandten Mitkämpfer sind dahingegangen, ohne den großen Morgen wiedererstandener deutscher Herrlichkeit mit erlebt zu haben. Ihnen ist es vergönnt gewesen, das, wofür auch Sie gestrebt und gestritten haben, den deutschen Nationalstaat, mit eigenen Augen erstehen zu sehen.

Ihr Jubelfest fällt in das Jahr 1871, das größte Jahr, welches die zweitausendjährige Geschichte unseres Volkes in ihren Annalen zu verzeichnen hat.

In Ihrer schönen schwäbischen Heimath liegen die Stammburgen der beiden glorreichsten Kaisergeschlechter nachbarlich zusammen. Was den Hohenstaufen nicht gelungen, haben die Hohenzollern vollbracht. Das kühne Wort: „Vom Fels zum Meere" ist im Jahre 1871 wahr geworden. Deutschland ist Eins im Nord und Süd. Fester als je gegründet steht das deutsche Reich auf den beiden unerschütterlichen Fundamenten guten Rechtes und starker Macht. Geeint in diesen gemeinsamen patriotischen Gefühlen, sprechen wir den Wunsch aus, daß es Ihnen, geboren als ein Bürger des alten Reiches, beschieden sein möge, im neuen Reiche deutscher Nation noch manches Jahr in ungeschwächter Kraft zu verleben und die Wissenschaft mit manchem werthvollen Geisteserzeugnisse zu bereichern. Von der östlichen

Grenzwacht deutscher Sitte reichen Ihnen heute sämmtliche Mitglieder der juristischen Facultät zu Breslau die Hand und feiern
im Geiste mit dem zahlreichen Kreise Ihrer Schüler, Freunde
und Verehrer diesen seltenen Ehrentag deutscher Wissenschaft.
Gott sei mit Ihnen und Ihrem ganzen Hause!

Breslau, im August 1871.

C. F. Winter'sche Buchdruckerei.